動画マーケティング

KPI・目標必達の
成功の最新メソッド

村岡雄史、本橋へいすけ、後藤賢司、染谷昌利 共著

エムディエヌコーポレーション

©2019 Yuji Muraoka, Heisuke Motohashi, Kenji Goto, Masatoshi Someya. All rights reserved.

本書に掲載した会社名、プログラム名、システム名などは一般に各社の商標または登録商標です。本文中では ™、® は明記していません。

本書のすべての内容は、著作権法上の保護を受けています。著者、出版社の許諾を得ずに、無断で複写、複製することは禁じられています。

本書は 2019 年 9 月現在の情報を元に執筆されたものです。これ以降の仕様等の変更によっては、記載された内容と事実が異なる場合があります。著者、株式会社エムディエヌコーポレーションは、本書に掲載した内容によって生じたいかなる損害に一切の責任を負いかねます。
あらかじめご了承ください。

はじめに

「いまは動画の時代」と聞いたことはありませんか？

現在は、私たちが意識しないうちに、スマートフォンから流れる広告にも動画広告が増えています。なにかを知りたいときもWebページではなく、YouTubeなどで動画から情報を得ることも増えてきました。

2020年から5Gが商用化され高速通信が普及すると、ますます動画視聴が気軽になる未来がやってきます。ユーザーの目や指を止め、記憶に残すために、スマートフォン時代の新しい動画プロモーションを身につけることは不可欠なビジネススキルといえるでしょう。

本書では動画を効果的にマーケティング活動に活かすために、動画の使い方・作り方・SNSでの動画のアップロード方法・拡散術・成果を上げる方法・広告の出稿手順までを、はじめての人でもわかりやすいようにていねいに説明しています。

動画の活用法はプロモーションの目的やターゲットによって変わります。自分で拡散することもあれば、広告を使って認知を広めていくこともあります。動画自体も自社で内製する場合もあれば、プロの制作会社に依頼する場合もあります。そして、それらの違いによって進行や注意点も変わります。本書はさまざまなケースで役立つように、最初から体系立てて読むことはもちろん、自分の状況に合わせて必要なところから読みはじめても活用できるように構成しています。

動画は今後、あなたやあなたの商品の存在を知ってもらうために必須のメディアになることでしょう。もちろん、最初からうまく使いこなせる人なんてどこにもいません。しかし、一歩ずつ経験を積むことで、確実に成果を出すコツをつかんでいけます。来たる動画時代に向けて本書がその道しるべとなればこれほど嬉しいことはありません。

著者を代表して　本橋へいすけ

Contents もくじ

はじめに……………………………………………………………………………… 3

INTRODUCTION 動画プロモーションが注目される理由

▶スマートフォンの普及が動画プロモーションを変えた

- section 01 環境変化による動画への関心の高まり …………………………… 10

Chapter 1 動画プロモーションとは

▶動画プロモーションをはじめる前に

- section 01 動画プロモーションを取り巻く背景 …………………………… 20

▶動画プロモーションのメリット

- section 02 動画プロモーションが与える効果 …………………………… 22
- section 03 他のメディアにはない動画ならではの特徴 …………………… 24
- section 04 インターネットと動画プロモーションの相性 ………………… 26
- section 05 動画プロモーションが成功するパターン …………………… 30

Chapter 2 動画を作成する前に決めておくこと

▶動画の目的と種類を理解する

- section 01　動画プロモーションの分類 …………………………………………………… 34
- section 02　ターゲットとコンセプトを明確にしよう ……………………………………… 36

▶動画の企画を進めるときの注意点

- section 03　動画を内製するのか、外部に委託するのか ………………………………… 40
- section 04　動画作成の前にリサーチを行おう …………………………………………… 44
- section 05　著作権や肖像権のトラブルに巻き込まれないようにする ………………… 46

Chapter 3　プロモーション動画を作成してみよう

▶動画のスペックを理解する

- section 01　動画プロモーションに使用するプラットフォームを理解しよう …………………… 52
- section 02　目的に応じた動画のスペックを決めよう ………………………………………… 56

▶動画作成の実際

- section 03　制作を依頼するときの一般的なフロー ………………………………………… 64
- section 04　内製する時の3つの準備 ……………………………………………………… 68
- section 05　スマートフォンで撮影＆編集してみよう ………………………………………… 72
- section 06　完成した動画をチェックする際のポイント ……………………………………… 82

Chapter 4　YouTubeに動画をアップロードしてみよう

▶YouTubeのチャンネルを作り込む

- section 01　YouTubeチャンネルを作成する ………………………………………………… 86
- section 02　YouTubeチャンネルを魅力的にカスタマイズする ……………………………… 94

▶再生数アップに必要なこと

section 03	視聴数を大きく左右するサムネイルを設定する	104
section 04	再生数を稼ぐ動画のポイント	108
section 05	YouTubeアナリティクスで分析する	114
section 06	YouTube動画を拡散するポイント	122

Chapter 5　SNSで動画を公開しよう

▶SNSごとに異なるポイントを理解する

section 01	SNSでの動画活用のポイント	126
section 02	Instagramで動画を投稿＆拡散する	130
section 03	Twitterで動画を投稿＆拡散する	144
section 04	TikTokで動画を投稿＆拡散する	148
section 05	Facebookで動画を投稿＆拡散する	158

▶SNSでもっとも怖いこと

| section 06 | 炎上には万全の注意を払おう | 162 |

Chapter 6 広告動画を出稿する際のポイント

▶動画広告の基本を理解する

section 01	テレビCMとインターネットの動画広告との違い …………………………… 168
section 02	メディア別・動画広告の見え方 ……………………………………………… 172
section 03	YouTubeに広告を出してみよう……………………………………………… 176

▶動画広告で成果を出すために

section 04	動画広告における予算配分 …………………………………………………… 194
section 05	プロモーションではなくコミュニケーションを意識する ………………… 198
section 06	広告のKPIを設定しよう ……………………………………………………… 202

用語索引………………………………………………………………………………… 205
著者プロフィール……………………………………………………………………… 207

INTRODUCTION

動画プロモーションが注目される理由

スマートフォンの普及が動画プロモーションを変えた

section 01 環境変化による動画への関心の高まり

動画を閲覧しやすい環境が整ってくれば、それに伴い動画を楽しむユーザーは増えます。とくに近年はスマートフォンの普及によって、通勤電車や喫茶店で手軽に動画を閲覧できるようになりました。
このセクションでは、いま進行している動画の状況の変化がどのようなものかについて解説します。

スマートフォンの普及による環境の変化

　平成13年前後からのブロードバンド普及によりインターネット回線の高速化が進みました。それまでの低速な回線と比べると高速通信が可能になったため、パソコン上でリッチなコンテンツを見ることが当たり前になってきました。

　その後、平成19年にiPhoneが誕生して既に10年以上が経ちました。現在では、仕事や日々の生活の中でスマートフォンを使用することは当たり前になっており、それに従って多くの人がスマートフォン上でリッチなコンテンツを楽しむようになっています。

　それを裏付ける数字を紹介しましょう。総務省が発行する「平成29年情報通信メディアの利用時間と情報行動に関する調査報告書」によれば、平成29年では全年代での利用率は80.4%と、8割を超えるユーザーがスマートフォンを利用しています（タブレット端末は34.3%） 01 。

　20代から40代のスマートフォンユーザーは90%を超える利用率となっています。また、スマートフォンと同時にタブレットの利用率が約40%と高いことも注目すべき点と言えるでしょう。このように、パソコンの前に座りネットを閲覧していた環境から、場所や時間を選ばすにスマートフォンでネットやSNSが利用できる環境に変化してきているのです。

> 利用率の増減の傾向としては、スマートフォンは10代〜40代では利用率はほぼ上限に達しているものの、50〜60代でまだ伸びています。タブレットは微増、フィーチャーフォンは大きく減少傾向にあります。

01 平成29年 モバイル機器等の利用率(全年代・年齢別)

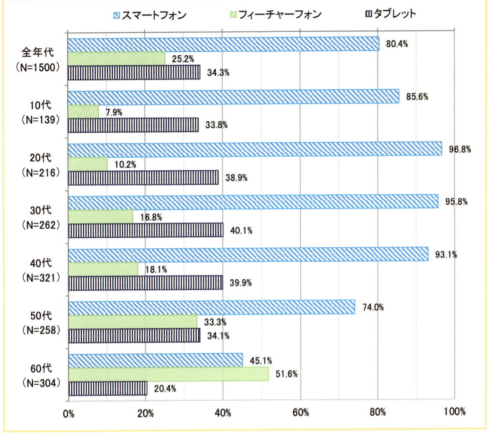

平成29年情報通信メディアの利用時間と情報行動に関する調査報告書
http://www.soumu.go.jp/main_content/000564529.pdf

動画コンテンツの増加

　スマートフォンで動画を簡単に撮影できるようになり、FacebookやTwitterやInstagram等のSNSにも動画投稿機能が用意されて扱いやすくなりました。
　動画共有サービスのYouTubeにおいても、YouTuberと呼ばれる動画投稿者が爆発的に増えてきています。投稿者や動画が増える事により視聴するユーザーも世代によっては9割を超えています **02**。
　現在では、インターネットに上がっている動画を視聴するという習慣が、ほとんどの年代で定着しています。そうである以上、動画によるプロモーションの重要性が高まるのも必然と言えるでしょう。

02 平成29年　動画共有・配信サービス等の利用率（全年代・年代別）

	オンデマンド型の動画共有サービス	ライブ配信型の動画共有サービス	オンデマンド型の放送番組配信サービス	オンデマンド型の動画配信サービス	有料多チャンネル放送サービス	インターネットを利用したラジオ放送サービス	いずれも利用していない
全年代（N=1500）	68.5%	10.1%	7.5%	11.3%	16.8%	9.9%	24.7%
10代（N=139）	95.0%	24.5%	8.6%	12.9%	12.9%	7.9%	5.0%
20代（N=216）	91.2%	25.9%	6.0%	16.2%	18.5%	12.5%	7.4%
30代（N=262）	84.7%	8.0%	5.0%	15.6%	10.7%	10.3%	11.8%
40代（N=321）	73.2%	6.9%	8.7%	11.8%	15.0%	11.5%	21.2%
50代（N=258）	60.9%	5.0%	9.3%	11.6%	21.7%	12.8%	29.1%
60代（N=304）	28.0%	2.0%	7.6%	2.6%	20.4%	4.3%	56.9%

平成29年　情報通信メディアの利用時間と情報行動に関する調査報告書
http://www.soumu.go.jp/main_content/000564529.pdf

YouTubeの普及

　インターネットにおける動画利用が普及した要因の一つに、動画プラットフォームの存在があります。その中でも、特に大きな影響を与えた存在と言えるのがYouTubeです。

　現在では、YouTubeを知らない人はほとんどいないと言ってもいいでしょう。そのYouTubeの中で、近年になって高い人気を博しているのがVlog（Blogの動画バージョン）形式の動画です。例えば **03** のVlogは飛行機のファーストクラスに乗った時の体験動画で、6,600万回以上視聴されています。

　また、最近ではYouTuberと呼ばれる、YouTubeの広告収入によって生計を立てる人も出てきています。国内のYouTuberは、はじめしゃちょーやHIKAKIN、フィッシャーズなど若者世代向けに人気のある方達が有名です。UUUM（ウーム）**04** のようなYouTuberのマネジメントを行う会社もいくつか誕生しています。企業等とタイアップした広告動画も制作しており、広告の世界でも大きな影響力を持つことが認知されつつあります。またマネジメント会社はただスケジュール管理やクライアントとの調整を行うだけでなく、コンプライアンスや著作権の知識の向上などもマネジメントしています。

　近年は、若年層以外にもリーチするような、様々なジャンルの動画が増えています。2019年に発足したFunMake（ファンメイク）**05** というYouTuberのマネジメント会社は「大人系インフルエンサーのマネジメントプロダクション」と謳っており、中年層をターゲットにしています。

> **インフルエンサー**
> 主にSNSやブログなどで活躍する、大きな発信力を持つ人物のこと。

03 海外の有名YouTuber Casey NeistatのVlog

CaseyNeistat　https://www.youtube.com/channel/UCtinbF-Q-fVthA0qrFQTgXQ

04 UUUM

https://www.uuum.jp/

05 FunMake

https://funmake.net/

06 インターネットの普及の推移と主要なコミュニケーションサービスの開始時期（2004年以降を抜粋）

		2004	2005	2006	2007	2008	2009	2010	2011	2012	2013	2014	2015	2016	2017	2018	2019

携帯電話の多機能化／ブロードバンドの急速な普及／Web2.0／動画・音楽・画像

スマートフォンの普及／パソコンからモバイル端末への移行

コミュニケーション

- **電子メール**: ○Gmail　○Outlook.com
- **メッセンジャー**: ○mixiメッセージ　○Skype　○Windows Live Messenger　○Facebookメッセンジャー　○カカオトーク　○LINE　○Instagram Direct
- **SNS**: ○mixi　○GREE　○Facebook　○Twitter　○Instagram　○755　○Mastodon
- **掲示板・ブログ**: ○アメーバブログ、FC2ブログ、コログ、ライブドアブログ　○note
- **仮想交流空間**: ○セカンドライフ　○アメーバピグ　○VRChat　○cluster

娯楽

- **オンライン・携帯・スマホゲーム**: ○モバゲータウン　○League of Legends　○パズル&ドラゴンズ　○ポケモンGO　○PUBG
- **音楽、動画共有・投稿・閲覧**: ○ニコニコ動画　○YouTube　○ニコニコ生放送　○Ustream　○ツイキャス　○Vine　○LINE LIVE　○Twitterアプリ上のライブ配信　○SHOWROOM　○TikTok　○Instagram Live
- **コンテンツ視聴**: ○GyaO　○iTunes Music Store　○Netflix　○Apple Music　○Spotify, AbemaTV

○モバイル端末利用率がパソコン利用率を超える

○音楽配信売上高で定額制の売上高がダウンロードを超える（世界）

固定回線: サービス開始

移動回線: ○パケ・ホーダイサービス開始　第3.5世代（14Mbps）　第4世代（110Mbps）　第5世

令和元年版情報通信白書「第1部　特集　進化するデジタル経済とその先にあるSociety 5.0」
http://www.soumu.go.jp/johotsusintokei/whitepaper/ja/r01/pdf/01honpen.pdf

SNSによる動画拡散の増加

　最近では、イベントの様子をリアルタイム動画としてSNSでライブ配信したり、旅行の思い出として日記風に編集した動画をアップするなど、SNSで動画を投稿する割合も増えてきています。

　YouTubeやTikTok、そしてInstagram等に上がっている動画を、日常的に配信・視聴する層も増えています。

　若年層では8割のユーザーが動画投稿・共有サイトを利用しているとされています。そして、これらのコンテンツはSNSと連携することで、容易に拡散されるようになってきています。

　現在では、インターネット動画を見ることも、撮ることも、編集して投稿することも、当たり前になってきています。そこにはスマートフォンの利用者数の増加が大きく関わっているのです 06 。

通信速度の高速化による環境の変化

　2020年にサービスが開始される5G (5th Generation)。5Gは現在普及している4Gに続くモバイル通信システムの名称で、第5世代移動通信システムとも呼ばれています。

　5Gによる最大のメリットは通信の高速化です。また、遅延時間も短縮されるため、端末同士の連携もスムーズになり、VRや自動運転・AIなどの関連技術の開発が進むとも言われています。

　ファイルサイズが大きくなりがちな動画も読み込み速度が上がり、いま以上に動画を気軽に見られる環境になるでしょう。

> 4Gと比較すると、5Gは最大で約100倍の通信速度となります。また、超低遅延(4Gの約1/10)や多数端末の同時接続(約4Gの100倍)が可能になるなどの特徴があります。
> 【参考資料】
> 総務省「2020年の5G実現に向けた取り組み」(2018年12月18日)
> http://www.soumu.go.jp/main_content/000593247.pdf

なぜ人々はインターネット動画を見るのか

　2005年2月14日にYouTubeが発足してから、今では数えきれない利用者が毎日たくさんの動画を観ています。FacebookやTwitterやInstagram等のSNSでも動画を見ない日はないというユーザーも沢山存在します。

　では、なぜ多くのユーザーは、インターネット上の動画を見るのでしょうか？

　それは、静止画像やテキストよりも、動画の方がたくさんの情報を得られるからです。

　映像と音と時間軸の存在する動画は多くの人に刺激を与えます。人の表情や風景などの景色、そこにいる人々やまわりの環境音なども動画で見れば一目瞭然です。

数千文字のテキストを読むよりも、何十枚という画像を見るよりも、数分の動画を見る方がより多くの情報が伝わります。何より、情報を受け取るユーザーが楽です。

多くの情報が楽に受け取れる。これこそ、人々が動画を見る最大の理由と言えるでしょう。

広がるビジネスへの活用

インターネット上の動画はエンターテイメントとしてのイメージが強いですが、最近ではビジネスの現場でも活用が進んでいます。

例えば、就活生向けのサイトではイメージアップのために動画が用いられるようになってきています 07 。

また問題解決のための動画も増えています。アプリケーションの操作方法などは従来ではスクリーンショットを並べての説明でしたが、動画を用いて説明すればよりわかりやすくなります 08 。

動画が信頼されやすい理由

動画には、わかりやすさと同時に「信頼されやすい」というメリットもあります。現在のユーザーは「広告は作られたもの」であり、ある程度の演出を含んでいるために割り引いて見る必要がある、という認識をもっています。

動画が持つ特徴の一つが、「写真と比べて盛りにくい」という点です。とくに商品写真については、加工ソフトを用いることで、実際よりも過剰に魅力的に見せていることはよく知られています。もちろん、動画でも加工や編集で「盛る」ことは可能です。しかし、大がかりなセットを組んだりCGでも使ったりしない限り、映した映像そのものはリアルな情報となります。

人は、いいところばかりを伝えられると、かえって不審に思うものです。<u>商品のいいところばかりを見せるテレビCMよりも、いいところと悪いところを合わせて伝えるYouTuberの動画の方が、商品の理解が深まり、購入行動に移りやすいのです。</u>

現在では動画の価値が時代とともに大きく変わってきました。動画によるプロモーションはこれから欠かせないマーケティング活動になるとも言えるでしょう。

本書では動画プロモーションを既に始めていてさらに知識を深めたい方はもちろん、これから始めたい方にもわかりやすいように、動画プロモーションの手法や考え方について解説します。

商品写真を「盛る」こと自体は、一概に否定される行為ではありません。見栄えの悪い商品写真では、ユーザーの購入意欲が失せてしまいます。イメージを訴求する役割は写真、リアルな情報を伝える役割は動画と、場面と目的に応じて使い分けることが大切です。

07 徳島県職員採用ページ

徳島県「徳島県職員採用プロモーションビデオ「戦う公務員」を公開しました。」
https://www.pref.tokushima.lg.jp/kenseijoho/saiyo/2016033100011

08 様々なHOW TO動画が投稿されている「Adobe Creative Cloud」公式チャンネル

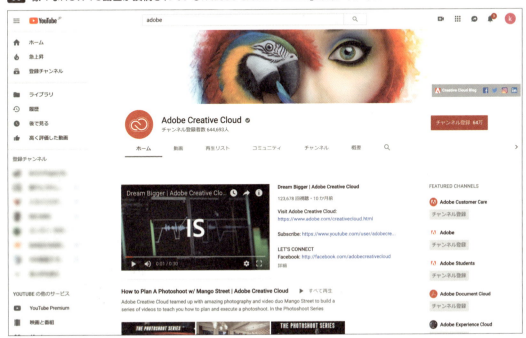

Adobe Creative Cloud公式チャンネル
https://www.youtube.com/user/AdobeCreativeCloud

Column

情報収集にお勧めのWebサイト

動画プロモーションを行う際に知っておくと便利なWebサイトをいくつか紹介します。

「Vimeo」01 は2004年に登場した動画共有サイトです。YouTubeと比べると、Vimeoは映像クリエイターの作成した動画が多く掲載されています。有料プランに入れば、動画にパスワード制限を掛けたり、公開するWebサイトの指定をしたりもできます。自社のWebサイトに動画を表示したいがYouTubeは使いたくない、動画を勝手に使用されないように掲載するWebサイトを限定したいといった場合にお勧めです。

「動画集客チャンネル/GoldenMonkeyTV」02 は動画アドバイザーの酒井祥正氏が運営するYouTubeチャンネルです。どうやればYouTubeのチャンネル登録が増えるのか、どんな動画が視聴者にとって魅力的なのか、機材はどう選べばよいのかなど、YouTube運営におけるTipsや最適化などを追求しているチャンネルです。近年頻繁に行われるYouTubeの規約変更の際にも、いち早くライブで情報発信を行っています。

「Unyoo.jp」03 はアタラ合同会社の運営する広告運用の情報サイトです。

動画広告の世界は頻繁に仕様変更が行われます。このサイトの「GOOGLE > YOUTUBE」カテゴリにある記事は動画広告のアップデートに関する情報が早く、プロもよく参照しています。

Webサイトではありませんが、書籍も一冊紹介しておきます。「動画2.0 VISUAL STORYTELLING」(幻冬舎)は、動画の時代が始まるという視点で書かれた書籍です。現役のプロの動画制作者向けというよりは、これから動画制作や動画プロモーションを始めてみたいと考える方に向いている書籍です。

01 Vimeo

https://vimeo.com/

02 動画集客チャンネル/GoldenMonkeyTV

https://www.youtube.com/channel/UCnf0vxeJnEdTHVc4AXMUlIA

03 広告運用の情報サイト Unyoo.jp

https://unyoo.jp/category/google/youtube/

Chapter 1

動画プロモーションとは

動画プロモーションをはじめる前に

section 01 動画プロモーションを取り巻く背景

動画プロモーションとは、商品紹介やサービス紹介、ブランドイメージ向上などのマーケティング活動に動画を使うプロモーションです。テレビなどのマスメディア上ではなく、SNSや動画共有サイト、Webサイト上で展開されるものを指します。ここでは動画プロモーションの利用が広がってきた背景について、資料を交えながら紹介していきます。

動画プロモーションの現状

動画プロモーションは、従来のテキストや画像を利用したプロモーションとは異なり、映像や音を使って短時間で効果的にユーザーへメッセージを届けられるのが大きなメリットです。「テキストでは伝えづらいストーリーをビジュアル化して、直感的に短時間で理解してもらえる」、「画像ではできない複数のカット構成を駆使してストーリー性のある場面展開を行い、時間軸や世界観を構築して印象づける」といったプロモーションが可能になります。

動画が向かないケースは、たとえば比較検討のためにスペック表の細かい情報を把握してもらうといった場合です。このような目的には、テキストや画像のほうが適しています。

■ インターネットにおける動画のトレンド

最近は、民放公式テレビポータルTVer（ティーバー）や、無料インターネットテレビ局AbemaTVといったインターネット上の動画メディアの成長、InstagramやYouTube、TikTokといった動画を共有できるSNSによって動画視聴が身近になりました。このような動画環境の進化は、ユーザーの価値観が「静止画から動画へ」とトレンドが変化していることも関与していると言えるでしょう。

多くのユーザーがスマートフォンを所持して日常的に使うようになりました。その結果、いろいろな場所やタイミングで動画を視聴する機会が増えました。ユーザー自身が動画を撮影・編集することも、SNSで動画を共有することも増えています。これらによって、動画広告への興味・関心も高まってきたと考えられます。

掲載サイトのURL

TVer
https://tver.jpnn

AbemaTV
https://abema.tv/

■ 動画プロモーションの市場推移

2019年2月にD2D、サイバー・コミュニケーションズ、電通の3社によって発表された「2018年 日本の広告費 インターネット広告媒体費 詳細分析」によると、近年は動画プロモーションを含むインターネット広告全体で、スマートフォンユーザー向けモバイル広告費の比率が大きくなっています **01**。その中でも動画広告の市場は年々大きな成長をとげています **02**。

デジタル広告費は、ソーシャルメディア広告とオンライン動画広告が世界的に増加しています。電通が2019年6月に発表した「世界の広告費成長率予測」のデータでは、2018年の実績としてデジタル広告費(39%)がテレビ広告費(34.9%)を上回り、テレビが担っていた広告展開のメインステージがデジタルに移りつつあるとも言えます **03**。この傾向は今後もさらに続くと考えられます。

また、近年は企業に限らず自治体なども積極的に動画プロモーションを行う機会も増えています。

> **参考資料**
>
> 「2018年のインターネット広告媒体費は1兆4480億円に。モバイル＋動画広告の伸びに注目｜ウェブ電通報」
> https://dentsu-ho.com/articles/6572
>
> 「世界の広告費成長率予測」(2019年6月改定)を発表 -ニュース - 電通
> http://www.dentsu.co.jp/news/release/2019/0613-009834.html

01 インターネット広告媒体費の広告種別構成比

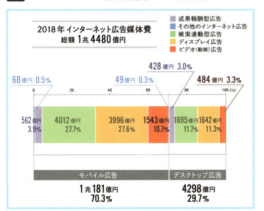

「2018年 日本の広告費 インターネット広告媒体費 詳細分析」
(http://www.dentsu.co.jp/news/release/2019/0314-009774.html)

02 ビデオ(動画)広告市場 推移(予測)

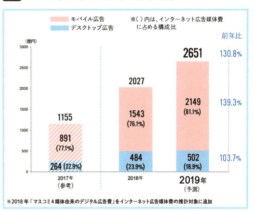

「2018年 日本の広告費 インターネット広告媒体費 詳細分析」
(http://www.dentsu.co.jp/news/release/2019/0314-009774.html)

03 媒体別のシェア予測(全世界)

媒体別	2018年（実績）	2019年（予測）	2020年（予測）
テレビ	34.9	33.6	32.4
新聞	8.0	7.1	6.3
雑誌	5.0	4.5	4.0
ラジオ	6.2	6.1	5.9
映画（シネアド）	0.6	0.6	0.6
屋外／交通	6.3	6.3	6.3
デジタル	39.0	41.8	44.5

株式会社電通「世界の広告費成長率予測(2018〜2020)」(http://www.dentsu.co.jp/news/release/2019/0111-009729.html)

動画プロモーションのメリット

section 02 動画プロモーションが与える効果

動画プロモーションは、体験やストーリーを直感的に伝えられるという大きな特徴があります。テキストや画像では伝わりづらい情報を短時間で素早く届けられます。
「百聞は一見にしかず」ということわざがありますが、言葉で説明しづらいことでも一度見ればわかるような伝達方法を動画プロモーションは得意とします。

直感的にわかりやすく説明を伝える

　テキストや画像でメッセージを伝えるときはある程度の文量と複数の画像が必要になり、内容の把握に時間がかかる場合も少なくありません。例えば、モバイルアプリの操作手順を解説する場合、動画のほうがよりわかりやすく伝えられます 01 。バッグ等の商品紹介でも、モデルが使用している動画を見てもらえばサイズ感や厚み等も数字ではなく、直感的に把握してもらうことができます。
　複雑な手順や細かな特長をわかりやすく伝えられるのが動画の利点と言えます。

動画ならではの表現で多くの情報を伝える

　動画では、時間軸や空間を使った表現ができます。この時間軸や空間を使った表現は画像では難しく、動画ならではのものと言えるでしょう 02 。そして、このような表現を使うことで、商品の使用感や活用イメージを視聴者に伝えて共感を得て、購入へと促すことが可能になります。
　例えば、商品やサービスを実際に利用しているシーンを動画に盛り込めば、実際にその商品やサービスを利用した状態に近い情報量を与えることができます。
　動画には、カメラアングル、編集、テロップ、エフェクト、BGM、ナレーションなどが追加できる。視覚と聴覚に訴える

時間軸を使った表現については
P24で解説しています。

ことができるので、画像やテキストよりも大量の情報を伝えることができます。

　もちろん、情報を過剰に詰め込むと、視聴者がうんざりしてしまうかもしれません。視聴者の意見を参考にしながら、ほどよい情報量の動画を目指しましょう。

01 動画は商品の利用方法をわかりやすく伝える

ローランド社 (roland_jp) によるInstagramにアップされた「Roland boutiqueシリーズ」のPR動画

Cinema Mastery（https://cinemamastery.com）による、Instagramにアップされたオンラインで映像制作を学べるサービスのPR動画。

02 時間軸や空間を使った動画ならではの表現が可能

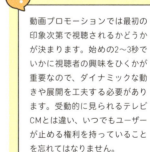

動画プロモーションでは最初の印象次第で視聴されるかどうかが決まります。始めの2〜3秒でいかに視聴者の興味をひくかが重要なので、ダイナミックな動きや展開を工夫する必要があります。受動的に見られるテレビCMとは違い、いつでもユーザーが止める権利を持っていることを忘れてはなりません。

カナダの映像作家Trevor Bobyk (trevorbobyk) 氏によるInstagramにアップされたドローンを用いた映像作品のPR動画

動画プロモーションのメリット

section 03 他のメディアにはない動画ならではの特徴

これまでにも何度か触れていますが、画像とテキストにはない動画ならではの特徴が、時間軸と音による演出です。これらを効果的に活用することが、動画プロモーションの長所を引き出す第一歩と言えます。ここでは、時間軸による演出と音による演出のポイントを見てみましょう。

動画プロモーションが持つ2つの特徴

　動画プロモーションには、写真やテキストなどとは異なる、「動画だからこそできること」があります。その代表的なものが「時間軸」と「音」による演出です。

■ 時間軸による演出

　写真では色、形、質感（素材の性質）、量感（大きさ・重み・厚みなどのボリューム）等の表現が可能で、そこに光源（照明）を利用して世界観を構築していきます。動画ではさらに時間軸を組み合わせた立体的な空間表現や時間経過を使ったストーリー表現が可能になります 01 。

　時間軸を使った演出のもっともわかりやすい例としては、日常的なシーンをスローモーションを利用してドラマティックに演出するというものがあります。スローモーションは、視聴者にその場面が重要なものであることを意識させたい場合にも効果的です。ただし、使いすぎると動画のテンポが悪くなるので、ポイントを絞って使うようにしましょう。

　また、逆に早回しは、あまり重要でない場面によく使われます。時間を圧縮でき、そのままでは冗長で視聴者が飽きてしまいそうな箇所をテンポよく見せることができるので、テレビなどでもよく見られる手法です。

01 動画では時間軸を活用できる

■ 音による演出

　動画プロモーションの大きな要素として音があります。臨場感のあるサウンド演出や効果音、そしてBGMなどを効果的に用いれば、世界観に奥行きができます。
　視覚だけではなく聴覚が加わればクリエイティブ表現の幅が大きく広がります。ドラマティックなシーンでは雨音などで時間の流れを演出したり、料理シーンなどでは熱したフライパンに食材を入れた時にジューッと鳴る音でシズル感を演出したりすることも可能です。CMなどでよく見かけるビールを注ぐ音なども動画プロモーションで有効です。
　商品の使用シーンに疾走感のあるBGMを用いて活発なイメージを演出したり、公園を静かに歩くシーンにゆったりしたピアノのBGMを用いて癒やしのイメージを演出することもできます。
　また、音声によるナレーションを動画に組み合わせることで、写真とテキストではなかなか伝えにくい情報もわかりやすく伝わります。
　時間軸と音を活用した直感的なイメージや情報の訴求により、これまでのプロモーションでは取りこぼしていた顧客層へのアピールもできるはずです **02**。

> **シズル感**
> 広告写真や動画で、特に料理のみずみずしさや活きのよさなどのような、人の感覚を刺激する表現のこと。

02 音の効果で更なる演出を追加

動画プロモーションのメリット

section 04 インターネットと動画プロモーションの相性

インターネット上の動画プロモーションは近年急速に広がってきています。その大きな要因として、スマートフォン（タブレット）とSNSの普及が挙げられます。スマートフォンというデバイスとSNSというメディアの登場が、インターネットと動画プロモーションの相性を高めたのです。

スマートフォンの普及がもたらしたもの

2007年にiPhoneが登場して以降、スマートフォンは急速に普及しました。総務省による通信利用動向調査によると、2018年（平成30年）にはスマートフォンの保有率（世帯）は79.2％にも達しており、パソコンの保有率を超えています **01**。

スマートフォンの普及により、インターネットを利用する人口も増加しています。インターネットを利用する端末はスマートフォンがもっとも多く、2017年（平成29年）以降は約60％となっています **02**。

> **参考資料**
>
> 統計調査データ：通信利用動向調査メニュー
> http://www.soumu.go.jp/johotsusintokei/statistics/statistics05.html

01 主な情報通信機器の保有状況（世帯）（平成22年～平成30年）

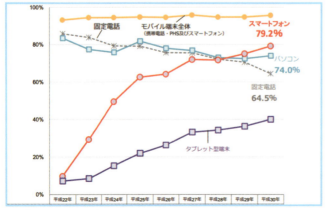

http://www.soumu.go.jp/johotsusintokei/statistics/data/190531_1.pdf

02 インターネット利用機器の状況（個人）成22年〜平成30年）

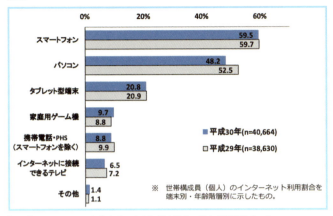

http://www.soumu.go.jp/johotsusintokei/statistics/data/190531_1.pdf

　なお、スマートフォンは若い人が使うというイメージが強いかもしれませんが、13歳から59歳までのすべての年齢層でインターネット利用端末としてスマートフォンがもっとも多く使われており、60歳から69歳の層においてもパソコンとほぼ同じ割合となっています **03**。

03 年齢階層別インターネット利用機器の状況（個人）

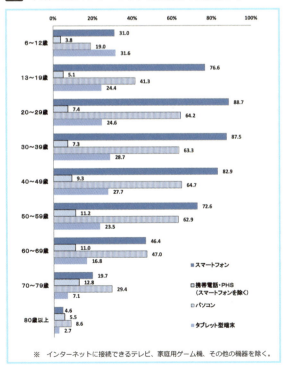

http://www.soumu.go.jp/johotsusintokei/statistics/data/190531_1.pdf

> スマートフォンでの動画視聴が広がった要因としては、データ通信量を気にせずに視聴できるという点で、無線LANの普及も挙げられます。

若い世代に広がるSNSと動画サイトの利用

　インターネット利用の目的としてもっとも多いのはメールの送受信です。ただし、世代が若くなるほど「ソーシャルネットワーキングサービスの利用」や「動画投稿・共有サイトの利用」の割合が高くなっています 04 。

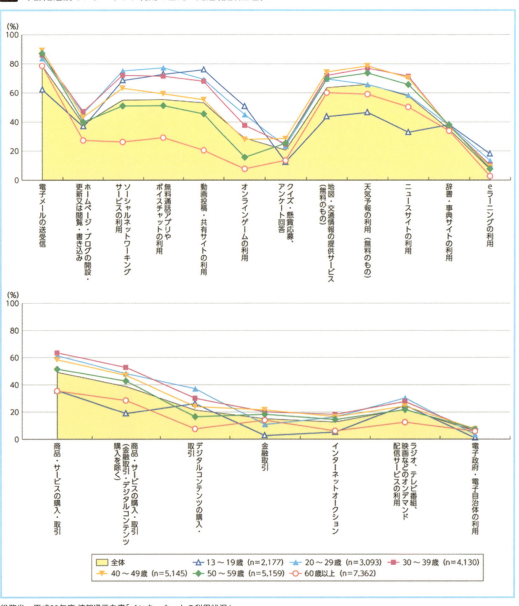

04　年齢階層別インターネット利用の目的・用途（複数回答）

総務省　平成30年度 情報通信白書「インターネットの利用状況」
http://www.soumu.go.jp/johotsusintokei/whitepaper/ja/h30/html/nd252120.html

スマートフォンからSNSや動画投稿・共有サイトを利用する際は専用のアプリでの閲覧が中心となっています。スマートフォン向けに最適化された動画アプリのUI設計は、動画プロモーションとの相性がよいとも言えます 05 。

　アプリによって画面いっぱいに表示される広告は存在感があります。またアプリの設定によっては自動で動画が流れ始めるため、双方向のコミュニケーションが主体のSNSでも、動画広告を閲覧してもらいやすい状況ができています。

　興味がわいたり気に入ったら「いいね」を押したり、友人にシェアしたりできます。この行動導線がとても自然に作られているのもSNSや動画投稿・共有サイトの特徴です 06 。

　動画プロモーションとSNSとの相性は非常によいと言えます。ただし、動画プロモーションを活かすには各SNSの特徴を踏まえ、それぞれのSNSに最適化した動画構成にする必要があります。次セクションの「動画プロモーションが成功するパターン」でその点について見ていきましょう。

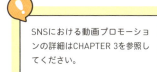

SNSにおける動画プロモーションの詳細はCHAPTER 3を参照してください。

05 画面いっぱいに表示されるTikTokアプリ

Gismart「Piano Crush - Keyboard Games」

06 Facebook広告で発生した双方向コミュニケーション

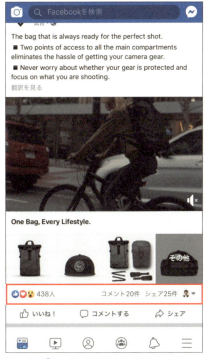

WANDRD「One Bag,Every Lifestyle.」

動画プロモーションのメリット

section 05 動画プロモーションが成功するパターン

動画プロモーションにおいて、SNSや動画サイトの存在は非常に大きなものとなっています。どうやってそれらを有効に活用するかが、プロモーションを成功させるための鍵と言っても過言ではありません。しかし、SNSや動画サイトには様々な種類があり、その特徴も異なります。ここでは、SNSや動画サイトを活用するポイントについて解説します。

特徴を分析して効果を高める

例えばFacebookアプリとInstagramアプリではそれぞれ写真や動画を閲覧するスピードが異なります。

Facebookではテキストや画像リンクなどが多く、「記事を読む」行為が中心となります。そのためユーザーは、アプリでも比較的じっくりと眺める傾向がありスクロールの速度も遅めです 01 。

01 Facebookアプリのスクロール速度は遅め

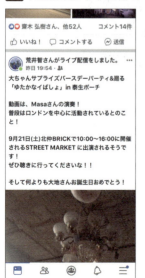

02 Instagramアプリのスクロール速度は速め

一方、Instagramでは画像や動画が中心でテキストは少なめです 02 。より直感的に投稿内容を判断できるので、慣れてくるとユーザーはかなり速いスピードでスクロールするようになります。
　両方のアプリを使っている方は、日常の自分の閲覧スピードを意識して観察してみると、SNSごとに大きく異なることが実感できるでしょう。スクロールスピードが速いSNSは、それだけ最初に映る場面でどれだけ視聴者の興味を引けるかがポイントになります。スクロールスピードが遅いSNSは、最初のインパクトが重要であることに変わりはありませんが、若干の余裕が生まれます。
　このように、動画プロモーションを成功させるには、動画を投稿するプラットフォームの特徴にあわせて動画の内容を変えることが大切です。実際に使ってみて、目にとまる動画はどのようなものなのかをチェックしてみましょう。

従来では伝えられなかったものを見せる

　写真やテキストでは伝えきれないものでも、動画であれば伝えられます。
　例えば、清掃サービスの内容を伝える場合、テキストや写真よりも、動画で見せる方が具体的な作業内容が伝わります。油汚れを取るためにどんな作業を行っているのか、どんな道具が必要なのか、それらが伝われば、料金がどれだけかかるかのイメージも伝わります。
　人は見えない作業にお金を払いたくないという心理があります。物ではない、サービスを提供するような場合は、言葉による説明だけではなかなか伝わらないことがあります。しかし動画でその課程を見てもらえば、サービスの内容やそれに掛かる手間も理解してもらいやすくなります。

ターゲットを絞って効率的に行う

　長い時間がかかるブランドイメージ戦略には、テレビCMや新聞広告が向いていると言われてきました。しかし現在では、インターネットの動画プロモーションであれば、短い時間でもブランドイメージを確立できると言われています。
　テレビCMや新聞広告では、おおざっぱにしかターゲットを絞ることができません。しかし動画プロモーションでは、年齢・性別・仕事・趣味など、ターゲットを細かく絞ることができます。そしてターゲットを絞れば、短期間でコストをかけずブランドイメージを作り上げることが可能なのです。

分析して効果を高める

　インターネットの動画プロモーションでは、分析が比較的容易です。ほとんどのSNSや動画共有サイトは、分析用のツールがあらかじめ用意されています 03 。これらを活用して傾向を探っていけば、目的のターゲットに対して効果的なプロモーションを実施できます。世界規模でテレビ広告費よりもデジタル広告費が上回りはじめたのは、このような理由が含まれているからなのです。

　テレビCMには高いクオリティが必要で予算規模も大きくなります。一方、動画プロモーションでは、そこそこのクオリティと予算規模で発信が可能です。

　動画プロモーションはテレビCMのような役割を持つ一方で、ユーザーとの距離を詰めて信頼関係を作る役割もあります。トライ＆エラーを繰り返しながらユーザーの心を掴む動画を探求していければ、今までなかった新しい動画プロモーションの世界が広がるでしょう。

分析の方法についてはP114やP133で詳しく紹介します。

03 YouTubeの分析ツール「YouTubeアナリティクス」

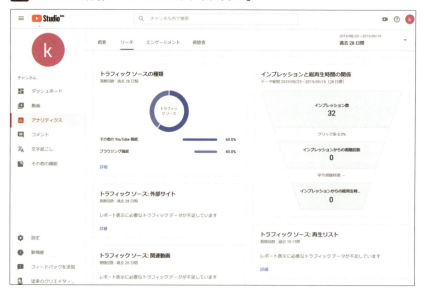

Chapter 2

動画を作成する前に決めておくこと

動画の目的と種類を理解する

section 01 動画プロモーションの分類

一概に動画プロモーションといっても、目的によって制作コンセプトや拡散方法は変わってきます。
動画プロモーションを行う際には、目的に応じてどのような動画を用意するのかを事前に検討する必要があります。ここでは、目的別に動画の種類を大きく3つに分類して解説をします。

目的別に動画の種類を分類する

　動画プロモーションの目的は、大きく以下の3つに分類されます。

① 認知獲得
② 商品プロモーション
③ ブランディング

　では、それぞれについて簡単に説明しましょう。

■ ①認知獲得

　認知獲得という単語にすると、聞き慣れない言葉になってしまうかもしれません。ですが、実はテレビCMでも同様のことが行われています。
　例えば、通信業界やカードローン業界のテレビCMを見てみましょう。これらの分野はサービスの差別化が難しく、また法的な規制でサービスの詳細を短いテレビCMの中では伝えきれないこともよくあります。このような場合には、社名やサービス名を連呼したり、インパクトの強い映像にしたり、大勢の有名人を活用したりして企業の認知度を上げるような仕掛けをしています。これは①の認知獲得に該当します。

■ ②商品プロモーション

薬品や食品、日用雑貨、電化製品などの場合、商品の機能やおいしさ、スペックなどのように商品自体の魅力を伝えることに注力しています。これは②の商品プロモーションに該当します。

商品プロモーションの主な目的も新規顧客の開拓です。

■ ③ブランディング

①と②は新規顧客の開拓が主な目的でしたが、③のブランディングは企業や商品への信頼度を高めてリピーターになってもらうことが主な目的となります。

例えばアミューズメント施設のコマーシャルはどうでしょうか。新しいアトラクションがオープンした、期間限定のパレードが開催されている等、もう一度行きたくなるような訴求がされています。企業の公式YouTubeチャンネルも同様です。コカ・コーラのYouTubeチャンネルでは過去のコマーシャルが閲覧できるだけでなく、メイキング映像やコカ・コーラ商品を使ったレシピなども投稿されています。タカラトミーのYouTubeチャンネルでは、子どもたちが繰り返し見たくなるようなオリジナル動画が多数投稿されています。

動画を作成する際は 01 を参考に、あなたが動画を使って行いたいことは認知度アップなのか、商品プロモーションなのか、それとも既存ユーザーの満足度向上（ブランディング）なのかを考えてください。

紹介サイトのURL

コカ・コーラのYouTube
チャンネル
https://www.youtube.com/
user/cocacolapark

タカラトミーのYouTube
チャンネル
https://www.youtube.com/
user/takaratomychannel

バイラル動画

ウイルス性を意味するバイラル（Viral）から生まれた、SNSなどでウイルスのように拡散していく動画のこと。

01 動画プロモーションの分類

	①認知獲得	②商品プロモーション	③ブランディング
目的	商品やサービス、企業を知ってもらう	商品の購入検討を後押しする	ファンになってもらう
求められる要素	目新しさ、おもしろさ等、これまで商品やサービスを知らない人を惹き付ける魅力をもたせる 特別な興味を持っていない人にとって知りたい要素、おもしろい要素、役立つ要素、インパクトのある要素を盛り込んで見たいと思わせる	商品やサービスに興味をある程度興味を持ってくれている人に向けて、商品の特徴や競合との比較、商品の強み、利用イメージ等をわかりやすくアピールし、購入に繋げる	より深い情報、商品やサービスの最新情報、周辺情報など、企業や商品（サービス）のブランディングや価値、ロイヤルティを向上させる
動画の種類	バイラル動画 ライブ動画（セミナー等） インフォマーシャル	説明動画 レビュー動画 お客様事例動画	フォロー動画（セミナー等） チュートリアル動画 VLOG（ビデオブログ）

動画の目的と種類を理解する

section 02 ターゲットとコンセプトを明確にしよう

これまでの項目でも説明したように、近年のインターネット動画の視聴は幅広い層まで広がっています。ただし、インターネット動画の視聴者は、テレビCMなどとは異なり、能動的に視聴するものを選択するので、ターゲットを明確に絞って動画制作をしなければ視聴数はなかなか伸びません。動画を制作する際は、ターゲットと目的を明確にしましょう。

ターゲットとコンセプトによって様々な要素が変わる

前項では、動画には目的に応じた動画の種類があることについて解説しました。ただし、同じ種類の動画(例えばセミナー動画)であっても、ターゲットとコンセプトが違えば、それぞれに合わせて変えなければならない部分もあります。

例えば、学習塾のプロモーション動画を作成するとします。これは前項で言えば「認知獲得」を目的とした動画になります。この場合、ターゲットとコンセプトとしては、以下のようなものが考えられます。

① ターゲット：通う本人である10代の学生
　コンセプト：学ぶ楽しさや親しみを伝える
② ターゲット：事実上の決定権を持つ保護者
　コンセプト：実績と安心を伝える

同じ認知獲得が目的の動画であっても、①と②とでは、構成も時間も言葉使いも、まったく異なるものになります。動画制作に取り掛かる前に、しっかりとターゲットとコンセプトを設定しておけば、狙った視聴者層に向けて効果的に情報を届けることができるのです。

なお、ターゲットとコンセプトに合わせてチェックすべき主なポイントとしては次のようなものがあります。

- ■動画の構成（内容・テンポ）
- ■時間（動画をアップするプラットフォームに合わせる）
- ■画質（視聴環境に合わせる）
- ■言葉使い（テロップ＆ナレーション）/BGM

■ 動画の構成

　前項でも記載しましたが、認知度のアップを狙うのか、商品やサービスの購入を後押ししたいのか、既存ユーザーのフォローアップを行いたいのかによって、動画の内容や構成は変わってきます。

　また、ターゲットとなる視聴者層（ペルソナ）の設定も重要です **01**。10代の女性と、50代の男性が求めている内容は大きく違います。10代の女性であれば、動画の視聴環境はほどんとがスマートフォンです。また、学生である可能性が高く、授業の休み時間や放課後など、日中でも動画を視聴しやすい環境であると想定できます。一方、50代男性の場合、日中は働いている人がほとんどです。仕事に関係がある動画であれば会社のパソコンで見ることもできるでしょうが、趣味に関することなら夕方から夜にかけて見ることになるでしょう。

　ペルソナ設定に従って、どのような動画の内容がよいのかを決めていきましょう。

ペルソナ

商品やサービスの代表的なユーザー像を、仮想の人物として定義すること。ユーザー像を年齢・嗜好・家族構成・行動様式に至るまでできる限り明確にしておくことで、どのような動画をどのような媒体で配信すればユーザーに響くかも具体的に想定しやすくなる。ペルソナを作成する際は、担当者の誤った思い込みを排するために、ユーザーインタビューなどを実施して客観的に作成する必要がある。

01 ペルソナ設定

プロフィール	趣味 / 嗜好
名前：鈴木太郎	趣味：釣り
年齢：51歳	好きなテレビ番組：バラエティ
性別：男	テレビの視聴時間：1日平均1時間
職業：製造会社勤務　部長	インターネットの使用環境：パソコン（会社）、スマートフォン（自宅）
住所：埼玉県さいたま市	動画の視聴時間：1日1時間弱
学齢：私立大学経済学部卒	好きな動画：昔のCM集
家族構成：妻、娘（高3）息子（中3）	定期購読誌：新聞、週刊●●
月のこづかい：5万円	好きな音楽：クラシック
年収：800万円	人間関係：受験生二人を抱え、家庭内はピリピリしている。
通勤時間：1時間	悩み：子供の進学を控えて費用面が目下の悩み

● **時間**

最適な動画の長さは、ターゲットや目的によっても変わります。認知獲得目的のインパクトがある動画であれば短い方がよいでしょう。一方、商品やサービスの利用方法を伝えるのなら、ある程度の長さは必要となります。

ただし、動画の長さを決めるにあたって、検討すべき重要な項目が1つあります。それはアップロードするプラットフォームに適した長さです。

YouTubeや各SNS（Facebook、Instagram、Twitter等）では、プラットフォームごとにアップできる動画のサイズの上限が異なります。

例えば、Twitterの場合は、動画の長さは2分20秒までとなっており、それ以上の長さの動画をアップロードすると2分20秒以内に収まるようにトリミングを行う必要があります 02。

さらにプラットフォームによって利用者の年齢層も大きく変わります。若年層の利用者が多いYouTubeやInstagramと、壮年層の利用者が多いFacebookとでは訴求するポイントが変わってきます。

自社の商品やサービスを使っている、興味を持ってくれる客層が利用しているプラットフォームはどれかを理解し、適切な動画を配信しましょう。なお、プラットフォームごとの動画サイズなどについてはP52以降を参考にしてください。

参考資料

各SNSのユーザー層を調査する際は、下記のようなページが参考になります。

若年層の約9割がスマホだけでYouTubeを利用
https://markezine.jp/article/detail/30504

2018年「公表データ」で見る主要SNSの利用者数と、年代別推移まとめ
https://appbu.jp/share-of-social-media

情報通信メディアの利用時間と情報行動に関する調査（総務省）
http://www.soumu.go.jp/iicp/research/results/media_usage-time.html

02 Twitterヘルプセンターに記載された投稿動画の仕様

https://help.twitter.com/ja/using-twitter/twitter-videos#video-formats

■ 画質

　スマートフォンで閲覧するのか、パソコンで閲覧するのか、それとも4K/8Kの大画面ディスプレイで閲覧するのかによって、適切な動画の画質は変わってきます。

　スマートフォンでの閲覧者が多いのに過度な画質で配信している状況は明らかにオーバースペックです。高画質な動画は、当然ですが大量のデータ通信量を必要とします。毎月のデータ通信量が限られている現状では、大量のデータ通信を必要とする高画質な動画は、必ずしも好まれるものではありません。

　一方で、高画質を好む視聴者もいます。自宅で無線LANにつなぎ、データ通信量を気にせずに視聴する人たちに、解像度の低い動画を配信してしまうと、期待はずれと感じてしまうでしょう。

　一般的にはフルHD（1920×1080：1080p）の画質で制作していれば、どちらの視聴者からも、大きな不満が生まれることはないでしょう。ただし、端末の高画質化や5G移行など、技術は常に進化しています。一度配信した動画であっても、時代に応じてメンテナンスをおこなっていくことを視野に入れておきましょう。

■ 言葉使い／BGM

　動画の中での言葉使いやBGMも重要なチェックポイントです。若者に親しみを与える動画と、ビジネスマンに信頼性を伝える動画とでは、言葉の使い方はまったく異なります。特に近年では、言葉の使い方に対して過剰に反応する傾向があるので、誤解を与えないように十分な配慮が必要です。

　音質にも注意が必要です。カメラと比べるとスマートフォンのマイク性能は高くありません。そのまま録ると話している内容が聞き取りづらかったりすることが多いので、外付けのマイクを利用することを推奨します。

　10代が好むフレンドリーな話し方や軽快な音楽、50代が重要視するしっかりとした言葉使いや落ち着いた音楽など、ターゲットとコンセプトに適したものは何かを事前に検討しておきましょう。場面転換に合わせて、BGMを変えるのも効果的です。

　ここまで紹介してきたものは、あくまでも考え方の1つです。50代向けの動画であっても、インパクトを与えることを目的として激しい音楽をBGMに選ぶこともあるでしょう。逆に10代向けの動画であっても、問題意識が高い層に訴えるのであれば、しっかりとした言葉使いで伝えた方がよいかもしれません。

　現在、公開されている様々な動画を参考に、どのような層にどのような動画が好まれているのか、いろいろ調査してみてください。

> ナレーションでも、朗らかな女性の声が適している場合と、落ち着いた男性の声が適している場合があります。テロップでも、使用するフォントの種類や色使いも視聴層ごとに好みが分かれます。

動画の企画を進めるときの注意点

section 03 動画を内製するのか、外部に委託するのか

動画の種類とターゲット/コンセプトが決まったら、それを誰が作るのかについて検討します。動画の内容、求めるクオリティ、そして予算などによって、自分たちの手で内製するのか、一部を外注するのか、内容も含めてすべてをプロに依頼するのかなどを決めましょう。

動画制作において共通で必要な要素

いざ動画を制作する場合、自分（自社内）で制作するのか、それとも外部の専門業者に依頼するのかによって、発生する業務は変わります。詳細はCHAPTER 3でも解説しますが、内製の場合は自分の制作スキルと作業工数が、外注の場合はコストと外注先とのコミュニケーションスキルが求められます。内製にせよ、外注にせよ、使い方次第でクオリティとコストのバランスを考え、よりよい形で活用しましょう。なお内製、外注どちらを選択しても、以下の4つは共通で必要な要素となります。

- 仕様（企画／構成案／コンセプト）
- 制作スケジュール
- 台本／絵コンテ
- 成果目標

どのような動画を作成するのか、スケジュールは適正か、そして動画を公開することによってどのような効果を見込んでいるのかを最初に詰めておく必要があります。可能であれば構成案を元に台本や絵コンテを作ってみましょう。絵コンテは情報の過不足を防いだり、構図を考えたりと、動画の完成形をイメージできるものになります。絵コンテの書き方については **01** のWebサイトなどを参考にしてみてください。なお、KPI（成果指標）についてはP67（CHAPTER3-3）やP202（CHAPTER6-6）でも解説します。

参考資料

こちらのWebサイトでは、絵コンテの書き方や用語解説のほか、絵コンテ用紙のダウンロードもできます。

動画つくーる「絵コンテの書き方 読み方　テンプレートダウンロードもご紹介」
https://media.systecintl.com/storyboard/

01 シングメディア「映像・動画制作の設計図！「絵コンテ」を描くときのポイント6つ」

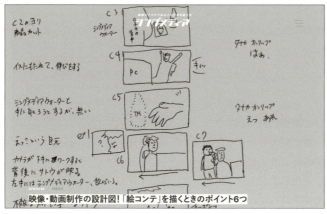

映像・動画制作の設計図！「絵コンテ」を描くときのポイント6つ
https://thingmedia.jp/1870

動画を内製するために必要な要素

動画を内製する際は、以下の要素が必要になります。

- 制作スキル
- 人的工数
- 撮影機材/マイク/照明
- 編集ソフト/編集用パソコン

● 制作スキル

　最初に考えなければならないのが制作スキルです。スマートフォンなどのテクノロジーが発展したことにより、独学でもある程度のレベルの動画が作れる時代になりました。しかし、プロが作った動画と比較するとどうしても素人感が出てしまいます。
　動画の内容やコンセプトによってはクオリティを二の次にしてよい場合もありますし、企業としての信頼やブランド力を醸成する目的があるなら一定水準以上のクオリティは必須です。内製の場合、どこまでのクオリティであれば対応できるのか、制作に携わるメンバーの間ですり合わせておきましょう。

● 人的工数

　次に考えておきたいのが人的工数です。動画を作るにあたって、まずはどれだけの人と時間が必要なのかしっかり見積もっておきましょう。事前に決めた制作スケジュールを守るためには、何人で制作しなければならないのか、他の業務との兼ね合いはどうかなど、過不足ない工数を算出しましょう。
　「予算がないから内製で」という考え方もありますが、慣れない

人が関わった結果、想定以上に人的工数がかかってしまい、社内人件費も含めるとコストが高くついたというケースもよくあります。動画制作に手が取られ、本業がおろそかになっては本末転倒なので十分な検討が必要です。

■ 撮影機材/マイク/照明

　撮影機材や編集ソフトを導入する場合は、そのぶんの経費も見込まなくてはなりません。スマートフォンで撮影し、無料アプリで編集を済ませる程度であれば経費は最小限に抑えられます。高クオリティの動画を制作する場合は、専用のデジタルビデオカメラや動画撮影が可能なデジタル一眼レフを使用しましょう。

　インパクトのあるカメラワークを求めるのであれば、アクションカメラやドローンの導入を検討してもよいでしょう。ドローンを使用する際は、撮影場所が「空港等の周辺の上空の空域（A）」「150m以上の高さの空域（B）」「人口集中地区の上級（C）」に該当するときは地方航空局長の許可を受ける必要がある点も押さえておきましょう 02 。

　カメラだけでなくマイクや照明も重要です。動画に異音や雑音が入ると気が散っていまいます。また、話している人の声が聞き取りづらいと、動画を見たいという気持ちが失せてしまいます。いくら映像が素晴らしくても、音が悪いと見ている人に不快感を与えてしまうのです。いい音で収録するために、外付けのマイクも検討しましょう。

　狙った光量で撮影するためには、照明機材を持っておくと非常に撮影がしやすくなります。照明機材はひとつではなく2つ以上準備しましょう。照明を一方からあてると光の反対に影ができてしまいますが、同時に反対側からも光をあてると影が消え、商品や人物がくっきりと浮かびあがるように明るくなります。

> 人的工数だけではなく、経費についても検討しておく必要があります。主な経費は以降で紹介している撮影機材や編集ソフトなどがありますが、その他にも撮影場所を借りる場合にかかるレンタル費や移動費、機材やソフトの使い方を学ぶための書籍代など、様々な経費が発生することが考えられます。

> 機材には高価なものもあれば安価なものもあります。もちろん、高価な方が性能がよくクオリティの高い映像が得られます。ただし、どれほど高価な機材を揃えても、使いこなせなければ意味がありません。外付けマイクや照明機器であれば、数千円程度のものでも効果が実感できるので、まずは無理のない範囲で揃えるようにしましょう。

02 無人航空機の飛行の許可が必要となる空域について

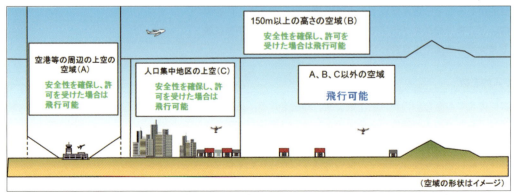

国土交通省「無人航空機（ドローン・ラジコン機等）の飛行ルール」（http://www.mlit.go.jp/koku/koku_tk10_000003.html）

■ 編集ソフト/編集用パソコン

　撮影した動画を編集するソフトも必要になります。編集ソフトはAdobe社から出ている動画編集アプリケーション「Premiere」が現在の主流になっています。多機能過ぎて使いこなすのが難しい場合は、iMovieなどの無料ソフトでも編集は可能です。

　また、動画の処理に耐えられるスペックを持つパソコンも必要です。画素数を高くして撮影した動画は処理に大きなパワーを使います。ちょっと加工しただけなのに、処理時間が数十分も掛かってしまうようでは、いつまで経っても編集が終わりません。

昨今では、セキュリティの関係で、パソコンに外部メディアが接続できないケースもあります。動画はデータ量が多いので、それなりのハードディスク容量も必要となります。動画制作の内製化において意外と高いハードルとなるのが、この動画制作用パソコンの存在です。

■ ハードルは高いが一度は内製を経験しよう

　ここまで解説したように、動画を内製する場合は様々なものが必要になります。しかし、上手にできるかどうかは別として、一度は内製で動画を作成することをお勧めします。なぜかと言うと、一度自分で動画制作を経験しておけば、外注先を決める際のポイントが実感を伴って選別できるからです。

　技術力はどうか、予算やスケジュールは適正かといった判断は、まったく無知な状態では難しいですが、一度経験しておけば基準が明確になります。またそれらのノウハウを利用すれば、高いクオリティを必要としない動画制作なら、それほど苦労なく内製化できるようになるはずです。

撮影機材や編集ソフトの詳細についてはP68やP84も参考にしてください。

動画を外注するために必要な要素

　次に外注するケースについて見てみましょう。動画を外注する際に必要な要素としては以下のような項目があります。

- 外注コスト
- プロジェクトチーム
- コミュニケーションの方法

　外注で動画を制作する場合、第一に予算、第二にプロジェクトメンバーとのコミュニケーションが重要になります。制作費も体制もスケジュールも、会社によって大きく変わりますので、複数の会社から話を聞き、比較して相性のよい外注先を選択しましょう。特にコミュニケーションについては、窓口が誰なのか、コミュニケーションを取る手段は何か(メール、チャットツールなど)などを事前に決めておく必要があります。

　なお、外注をする際の具体的な手順についてはP64で詳しく紹介します。

動画の企画を進めるときの注意点

section 04
動画作成の前にリサーチを行おう

どんなに凝った動画を制作しても、世の中のトレンドや視聴者のニーズとかけ離れていたら、まったく閲覧されることはありません。顧客層がなにを求めているのかを把握し、期待に応えるためにはリサーチという作業が必要になります。ここでは、リサーチを行う際に気をつけるべき点について解説します。

ヒントはインターネットの外にある

　リサーチを行う場合、まず思いつくのがインターネット上でのアンケートでしょう。ただし、アンケートだけに頼ってしまうと正確な情報は得られません。アンケートを実施しても、正直に回答する人は少数です。人は無意識に本音を隠すものです。アンケートに答えるのは結構な手間がかかります。なんの見返りもなしに回答してくれる人は稀ですから、アンケートで数を集めるにはなんらかの仕掛けも必要になります。

　リサーチの第一段階は、インターネットから離れた場所で行う方が効果的です。インターネットにどっぷりと浸かってしまうとネットの世界に慣れすぎてしまい、一般の方達との間に情報の乖離が広がってしまいます。その乖離は、インターネットの中でリサーチをしても気がつきません。だからこそ、実際に外に出て情報を収集すべきです。

　まずは、取り扱いたい動画カテゴリに属する雑誌を何冊か読んでみてください。複数の雑誌を読み比べると、トレンドになっている事象の共通点や、よく利用されているキーワードを見つけることができます。

　テレビの情報もチェックしておくとよいでしょう。インターネットが市民権を得たとはいえ、まだまだ多くの人がテレビから情報を得ています。特にCMには注目しましょう。テレビCMでは商品のセールスポイントが、15秒という短い時間でアピールされています。

多くのSNSにはアンケート機能があります。これを活用すれば、アンケートの実施そのものは簡単にできます。

仕掛けの例としては、プレゼントキャンペーンなどがあります。ただ応募者には「マイナスな回答をすると当たらない」という意識が働くので、正直な回答が得られるかどうかは疑問が残ります。

テレビショッピングも参考になります。売れる商品にはどんな特徴があるのか、どんなキャッチフレーズで紹介されているのか、ストーリー性はどうか、構図や音声は、チェックポイントはいくらでもあります。

人から直接意見を聞くのもよいでしょう。親しい人やお得意さんなら、忌憚のない本音の意見が聞けるでしょう。何千人から集めたアンケートより、数人のインタビューから得た情報の方が、本質が見えてくることもあるのです。

インターネットから得られる情報には限界がある

外に出て得られた情報が少なかったのなら、そこで初めてインターネットの力を使いましょう。Googleなどで検索したり、SNS上の友人に質問してもよいでしょう。インターネットには無限の情報が詰まっています。ただし、そこから得られる情報には限界があります。検索エンジンはキーワードに合った回答しか表示しません。SNSはあなたが興味を持っているアカウントからの情報しか流れてきません。キーワードを知らない、興味のない情報を得ることはできません。雑誌やテレビにある「偶然の発見」はインターネットでは滅多に発生しないことを理解しておく必要があります。

集めた情報を整理しよう

リサーチしたら、ひと目で他者の動向がわかるように、横軸・縦軸でマトリクスを作って情報を配置してみましょう。例えば横軸には「ブランディング／認知度向上」、縦軸に「流行／定番」と設定し、該当すると思う象限に配置していきます 01 。

軸の要素は好きに決めてもらって構いませんが、最初のうちは想定視聴者層に沿った要素に絞って作成することをお勧めします。このマトリクス図を作成すると、他の商品（動画）との競合、あるいは独自性を確認することができます。

01 リサーチ情報のマトリクス図例（ポジショニングマップ）

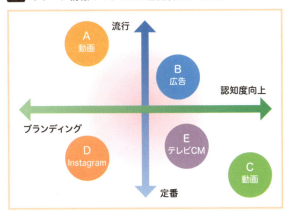

> このマトリクス図は、一般的にポジショニングマップと呼ばれます。「ポジショニングマップ」というキーワードで検索すると、さまざまな指標が出てきますので参考にしてみてください。

動画の企画を進めるときの注意点

section 05 著作権や肖像権のトラブルに巻き込まれないようにする

動画を配信するにあたって法律に則った表示や、権利の侵害に注意を払いましょう。権利の侵害には「著作権侵害」「商標権侵害」があります。商品の紹介などを行う際は「景品表示法違反」「医薬品医療機器等法（旧薬事法）違反」にも気を付けましょう。表現の自由との兼ね合いで法的な線引きが難しいものの、「肖像権の侵害」も考慮に入れておく必要があります。

著作権侵害

　第三者が作成した動画やブログやWebサイトの文章や画像、音声などを勝手に取得して、自分のメディアに無断で掲載した場合は著作権の侵害となります。

　ユーザーが撮影してSNSにアップした自社商品の写真や動画はUGC（User Generated Contents：ユーザー生成コンテンツ）と呼ばれ、広告に活用されるケースも増えてきました。このUGCを使いたい場合は、撮影したユーザーの許可を必ずとりましょう。

　写真や音楽、効果音についても、自分で用意するか、素材提供サービスを利用するなど、正当なルートで入手した素材を使用することを徹底しましょう。

商標権侵害

　商標権とは商標を使用する者の業務上の信用を維持し、利益を保護するため、商標法に基づいて設定されるものです。企業が自社の利益を守るためにコストをかけて商標を取得し、ブランドの価値を維持するわけです。

　権利者の許可なく企業名やサービス名、ブランド名など登録商標を使用してビジネスを展開する、類似品を販売するなどの行為は商標権の侵害に当たります。トップレベルドメイン（http://○○○.comの○○○の文字列）を商標登録されているURLにすることも商標権の侵害になります。

特に小売業でプロモーションを行う場合に、商標権を理解していないと意図せずに侵害してしまうおそれがあります。差し止めや損害賠償に発展する場合もありますので注意しましょう。

肖像権侵害

　肖像権の侵害については「表現の自由」との兼ね合いもあるので明確な線引きが難しいです。一般的に、意図せず映り込んだ場合には肖像権の侵害にあたらないと言われています。ただ、芸能人の画像については細心の注意を払っておいた方がよいでしょう。一般の人であったとしても、トラブルを避ける意味では、できる限り許可なく掲載することは控えましょう。

　なお 01 02 ではYouTubeの著作権に対する考え方が掲載されていますので、必ず目を通しておきましょう。アカウント停止や権利侵害による訴訟が起こったあとで「知らなかったから」と言っても通じません。

01　YouTubeでの著作権

https://www.youtube.com/intl/ja/about/copyright/

02　著作権と著作権管理／YouTubeヘルプ

https://support.google.com/youtube/topic/2676339

Column

商品紹介に関連する法律

　プロモーションで権利侵害以外に気をつけたいのが、景品表示法や医薬品医療機器等法（旧薬事法）、健康増進法などの違反です。例えば、購入者全員にプレゼントを提供する場合、景品は取引額の10分の2までの価格に抑えなくてはなりません。1,000円の商品に対して200円を超える景品を提供することはNGです。また、薬品や健康食品の効果を誇大表現することも禁止されています。詳しくは右記のページを参考にしましょう。

不当景品類及び不当表示防止法（景品表示法）
https://www.caa.go.jp/policies/policy/representation/fair_labeling/

薬事法ルール集（薬事法ドットコム）
http://www.yakujihou.com/content/rule.html

健康食品ナビ（東京都福祉保健局）
http://www.tokyo-eiken.go.jp/kj_shoku/kenkounavi/

権利を侵害された場合の対処

　自分が著作権を侵害してないからといって、この種のトラブルと無縁でいられるとは限りません。ネット上にコンテンツを掲載する以上、自分の著作権が侵害されてしまうこともあります。このようなケースの対処についても簡単に紹介しておきましょう。対処は次のような流れになります。

① 不正利用を発見
② 画面キャプチャ等で証拠を保全
③ （問い合わせフォームがある場合）サイト運営者に著作権侵害の問い合わせ
④ 弁護士などの専門家に相談する
⑤ 検索エンジンに対してDMCA（著作権）侵害による削除の申し立て
⑥ ブログサービス会社やレンタルサーバー会社に対して発信者情報開示請求
⑦ 損害賠償請求手続き

まずは証拠を押さえよう

　もし、自分たちのコンテンツがコピーされていたら、まずは慌てずに証拠を押さえておきましょう。次にどのような手続きに進むにしても不正利用の証拠は必要になります。画面キャプチャ、日付等、公開されている情報はすべて保存しておきましょう。

　不正利用をしているWebサイトに問い合わせフォームがあれば、自分のコンテンツの著作権を侵害している旨を運営者に伝えましょう。

　実は悪意はなく、著作権のことを理解していなかっただけという運営者は多いものです。ここで不正利用を認め、謝罪してサイトから削除するような運営者であれば、あまり大事にせず注意だけで終わらせてもよいでしょう。

　問題なのは悪意を持って不正利用している運営者、あるいは連絡すら取れない運営者です。その場合、まず行いたいのが検索結果に表示させないことです。検索エンジン大手のGoogleにはDMCA通報フォームがあり、不正サイトを申請することで検索結果から削除してもらうことができます（Googleの審査があるのですべて認定されるとは限りません） 03 。

　なお、YouTubeへ権利侵害を報告する場合は 04 の手順に沿って行ってください。

DMCA

1998年に米国で成立した、デジタルミレニアム著作権法（Digital Millennium Copyright Act）の略称。Facebook、Twitter、YouTubeなど、米国発のサービスにはDMCA侵害の削除申し込み手続きが必要となる。

コンテンツをコピーされていると、真っ先に抗議してしまいがちになります。相手が証拠を削除すると、その後の対応が不利になるので、まずはスクリーンショットなどで証拠を集めることを優先すべきです。

03 | GoogleへのDMCA通報ページ

https://www.google.com/webmasters/tools/dmca-notice?pli=1&hl=ja

> GoogleにDMCA通報を行う際は、本人確認のためにGoogleアカウントでログインする必要があります。

04 | YouTubeへ権利侵害を報告する手順

① [・・・]から[報告]をクリック

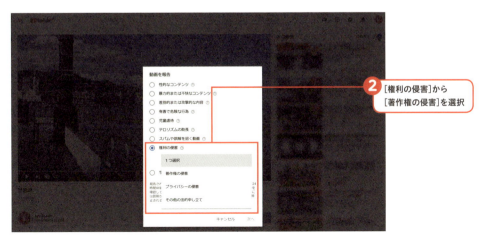

② [権利の侵害]から[著作権の侵害]を選択

 クリックすると「著作権の侵害に関する通知」のフォームが表示されるので、必要項目を入力して申し立てを送信する

悪質な場合は専門家に相談しよう

　一般的な手続きとしては以上になります。なお、よほど悪質な場合は運営会社に利用者の個人情報を開示してもらう請求を出し、その情報を元に損害賠償を請求する流れになります。発信者情報の開示手続きは非常に複雑なので、困った場合は弁護士等の専門家に相談するようにしましょう。なお弁護士を探すサービスに「弁護士ドットコム」 05 があります。ここで地域や分野（インターネット問題など）を選択して検索してみるとよいでしょう。

> **参考資料**
> 総務省「発信者情報通知サービスの利用における発信者個人情報の保護に関するガイドライン」
> http://www.soumu.go.jp/main_sosiki/joho_tsusin/d_syohi/d_guide_03.html

05 弁護士ドットコム

https://www.bengo4.com/

Chapter 3

プロモーション動画を
作成してみよう

動画のスペックを理解する

section 01 動画プロモーションに使用するプラットフォームを理解しよう

インターネットを通じて動画プロモーションを展開するときに、決める必要があるのが「どこで公開するか」です。YouTubeに公開するのか、Facebookなのか、それともTikTokなのか。公開するプラットフォームごとに適切な動画の縦横比や長さが異なります。ここではまず、各プラットフォームの動画の仕様を確認しましょう。

YouTubeの動画仕様

　YouTubeはインターネット上で一番多く動画が見られるプラットフォームです。

　サービスが始まった当初は、ほとんどがパソコンで視聴されていたので、テレビサイズの横型動画しか扱えませんでした。しかし、スマートフォンが普及した現在では「横型・縦型・正方形」のどの比率でも再生することが可能です。YouTuberと呼ばれる多くの人気動画クリエイターが誕生しており、現時点ではもっとも中心となるプラットフォームと言えるでしょう 01 。

01 YouTubeの動画仕様（2019年9月時点）

YouTube の仕様						
比率	横型 [16:9]	正方形 [1:1]	縦型 [9:16]	ミドル横型 [4:3]	ミドル縦型 [3:4]
	○	○	○	○	○
秒数	最大 12 時間				
データサイズ	128GB まで				
360°動画対応	○				

Facebookの動画仕様

　Facebookも動画プロモーションに力を入れており、多くの動画がアップされています。Facebookはもともと知り合い同士のコミュニケーションが主体のサービスなので、ユーザーには「動画を見る場」という認識があまりありません。そのため、尺の長い動画は最後までは視聴されない傾向があります。

　Facebookの場合、長くても3分～5分ぐらいに収めたほうが見てもらいやすいでしょう。どうしても長くなる場合は、いくつかに分割して投稿することをおすすめします 02 。

02 Facebookの動画仕様（2019年9月時点）

	Facebook				
	横型 [16:9]	正方形 [1:1]	縦型 [9:16]	ミドル横型 [4:3]	ミドル縦型 [3:4]
比率	○	○	△ ※スマートフォンで一部見切れが発生する	○	○
秒数	最大 120 分				
データサイズ	128GB まで				
360°動画対応	○				

Instagramの動画仕様

　Instagramでは、通常投稿は正方形、もしくはミドル縦型の動画がおすすめです 03 。Instagramはスマートフォンの普及と共に成長したサービスなので、スマートフォンで見る習慣が根付いてます。また、テキストよりも写真や動画といったビジュアル中心のコミュニケーションなので、「きれい」「美味しそう」「美しい」「楽しそう」といった感性を揺さぶる投稿の反応がよくなります。

　スマートフォンで感性に訴える「映えるビジュアル」をコンセプトに進化してきた結果として、スマートフォンを横に持ち替えなくても多くのビジュアル情報を届けられる縦長動画が多く投稿されるようになりました。一方で、横型の動画は小さく感じられ、見てもらいにくい傾向にあります。

　また、ストーリーズという一日で消える投稿もInstagramでは多く使われています。ストーリーズはスマートフォン全面で展開する投稿なので縦型がジャストフィットします 04 。

　さらに現在は連動したアプリIGTV 05 も登場しており、今後、縦型動画はいっそう多く投稿されていくと思われます。

03 Instagramの動画仕様（2019年9月時点）

Instagram					
比率	横型 [16:9]	正方形 [1:1]	縦型 [9:16]	ミドル横型 [4:3]	ミドル縦型 [3:4]
	○	○	○ （ストーリーの場合）	○	○
秒数	6秒〜60秒				
データサイズ	4GBまで				
360°動画対応	×				

04 Instagramストーリーズ

ストーリーズはスマートフォン全面で動画が再生されます。

05 IGTV

IGTVは縦型動画に特化した動画プラットフォームです。

Twitterの動画仕様

　Twitterでは正方形の動画がおすすめです。なぜなら、スマートフォンのタイムライン上の自動再生できちんと映る範囲が正方形だからです **06** 。

　Twitterは140文字のつぶやきを行うことからスタートしたサービスです。なので、情報量が多い投稿は向かない側面があります。Twitterで効果を上げるには、短い情報や動画を数珠つなぎにすることで、コミュニケーションのキャッチボールを増やしていくスタイルがいいでしょう。投稿できる動画の尺はInstagramやTikTokよりは長く、140秒です **07** 。

06 Twitterの投稿画像イメージ

正方形であればタイムラインでも見切れが発生しません。

07 Twitterの動画仕様（2019年9月時点）

	Twitter					
		横型 [16:9]	正方形 [1:1]	縦型 [9:16]	ミドル横型 [4:3]	ミドル縦型 [3:4]
比率		○	○	△ ※スマートフォンで一部見切れが発生する	○	○
秒数	最大 140 秒					
データサイズ	512MB まで					
360°動画対応	×					

TikTokの動画仕様

　TikTokの場合はほぼ縦型動画がよいでしょう。TikTokは、スマートフォンで楽しむために設計された動画プラットフォームなので、投稿されているほとんどの動画が縦型です **08**。

　基本15秒の動画を撮影してエフェクトかけたり楽曲に合わせて踊ったりする投稿が多い傾向にあります。スマートフォンに保存されている動画をアップロードする場合は60秒までの動画が使えます。データサイズの制限に関しては不明ですが、スマートフォンで撮影した動画であればサイズオーバーすることはないようです **09**。

08 TikTokの投稿動画イメージ

09 TikTokの動画仕様（2019年9月時点）

	TikTok					
		横型 [16:9]	正方形 [1:1]	縦型 [9:16]	ミドル横型 [4:3]	ミドル縦型 [3:4]
比率		△	△	○	△	△
秒数	基本 15 秒　一部ユーザー 60 秒					
データサイズ	不明					
360°動画対応	×					

プラットフォームに応じた適切な動画を投稿する

　プラットフォームはそれぞれ独自の形態で進化しています。動画を投稿する際は、それぞれのプラットフォームの特徴に合わせて適切な仕様の動画を用意しましょう。プラットフォームの特性を理解すれば、自ずと作るべき動画の仕様が見えてきます。まずは実際に投稿して試したり、ほかの人をフォローして参考にしたりして、情報を収集するのが一番の近道になるでしょう。

動画のスペックを理解する

section 02 目的に応じた動画のスペックを決めよう

どのプラットフォームで動画を配信するか決めたら、次は動画のスペックを決めていきます。
動画のスペックで注意すべき点は「比率」「解像度」「ファイル形式」の3つです。それぞれ、プラットフォームによって適したスペックが異なります。ここでは、それぞれのプラットフォームに適したスペックについて説明します。

動画の比率（アスペクト比）を決める

　動画のスペックで一番重要なのが「比率」です。業界用語では「アスペクト比」と呼ばれています。映像配信の中心がテレビだった時代はスタンダードサイズ（4:3）かワイドサイズ（16:9）の2つしかありませんでした。ですが、スマートフォンの登場で動画の比率は種類が増えています。

■ 比率（アスペクト比）

　動画の解像度と比率は、テレビ放送に基づいた基準があります。HDやフルHD、4Kなどの言葉はよく聞くことでしょう。これらは時代の流れとともに、解像度の高い綺麗な映像を配信するために規格が進化してきました 01 。それぞれの規格について簡単に紹介しましょう。

□ SD（Standard Definition）

　アナログ放送と同等の画質です。現在では画素数が低いため、SD規格の動画をパソコンなどで見ると、ぼけて粗く見えます。一般に比率が4:3またはそれに準じるスタンダードサイズで、横に広がりのあるワイドサイズではありませんでした。

□ HD（High Definition）

　地上デジタル放送が始まった時の標準画質です。ここから比率は16:9のワイドサイズになっていきます。

☐ **フルHD**

HD規格の最高画質で、大画面テレビでもきれいに見えます。現在発売されているテレビやパソコンはフルHDに対応しています。

☐ **4K UHD（Ultra High Definition）**

簡単にいうとフルHDの4倍画素数が高い規格です。

☐ **8K UHD**

フルHDの8倍画素数が高い規格です。

01 動画の比率（アスペクト比）

画質	呼び方	画素数
SD	エスディー	720×480：480p
HD	エイチディー、ハイビジョン	1280×720：720p
フルHD	フルエイチディー、フルハイビジョン	1920×1080：1080p
4K UHD	ヨンケー、ウルトラハイビジョン	3840×2160：2160p
8K UHD	ハチケー、スーパーハイビジョン	7680×4320：4320p

それぞれの画質についてアスペクト比と画素数の違いを図にすると **02** のようになります。これらは、あくまでテレビ主体で考えられた規格なので、スマートフォンで展開する動画プロモーションと完全に合致する規格ではありません。ただ、NetflixやHuluといったビデオオンデマンドサービス（VOD）では4K映像を扱っていることもあるので、インターネット動画とは切っても切れない関係でもあります。ぜひ覚えておいてください。

参考サイトのURL

Netflix
https://www.netflix.com/jp/

Hulu
https://www.hulu.jp/

02 各画質のアスペクト比と画素数

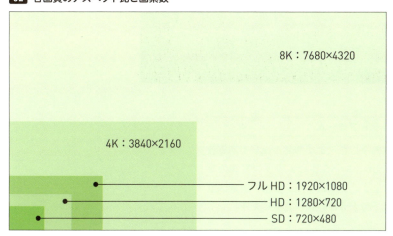

それぞれの比率に適したプラットフォーム

P52でも説明しましたが、動画プラットフォームで使用される比率には「横型[16:9]」、「正方形[1:1]」、「縦型[9:16]」、「ミドル横型[4:3]」、「ミドル縦型[3:4]」の5タイプがあります。では以下で、それぞれに適したプラットフォームについて解説します。

■ 横型[16:9]に適したプラットフォーム

このサイズは先のテレビサイズと同じ横型の比率になります 03 。パソコンでYouTubeを見たいという方にはこのサイズが適しています 04 。

03 画質別横型比率の画素数

画質	画素数（横×縦）
HD	1280×720
フルHD	1920×1080
4K	3840×2160
8K	7680×4320

04 横型の表示例

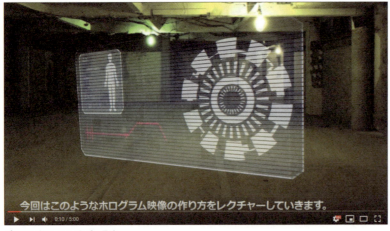

パソコン版YouTubeなどに最適

■ 正方形[1:1]に適したプラットフォーム

正方形はスマートフォンが普及したことで増えた比率です 05 。FacebookやTwitter、Instagramといったタイムライン形式のプラットフォームで多く見られます。タイムライン形式の場合は全面を縦型で埋めてしまうと以下のような問題が発生します。

- 動画に添えたテキストが読めない
- 圧迫感を感じる
- ほかの投稿情報が目に入らずユーザーが負担を感じる

　正方形（スクエア型）なら「小さすぎず大きすぎずちょうどよい」サイズ感に収まります。

05 画質別正方形比率の画素数

画質	画素数（横×縦）
HD	720×720
フルHD	1080×1080
4K	2160×2160
8K	4320×4320

06 正方形の表示例

（左：Facebook、右：Twitter）タイムライン形式の場合、正方形が見やすくなります。

■ 縦型[9:16]に適したプラットフォーム

　縦型はスマートフォンに特化した比率です **07** 。縦向きに全画面が表示され、Instagramのストーリーズや TikTok で多く投稿されています **08** 。

07 画質別縦型比率の画素数

画質	画素数（横×縦）
HD	720 ×1280
フルHD	1080 × 1920
4K	2160 × 3840
8K	4320 × 7680

08 縦型の表示例

Instagramのストーリーズ（左）やTikTok（右）は縦型動画を前提にしたサービス。

■ ミドル横型[4:3]に適したプラットフォーム

　このサイズはアナログテレビ時代と同様ちょっとだけ横に長い比率です 09 。スマートフォンを縦向きで使用する場合、16:9の比率で表示されると縦幅が狭くテロップなどの文字が読みにくかったり、画像が見えにくかったりします。そのような場合には4:3のミドル横型サイズが有効となります 10 。

09 画質別ミドル横型比率の画素数

画質	画素数（横×縦）
HD	960 × 720
フルHD	1440 × 1080
4K	2880 × 2160
8K	5760 × 4320

10 ミドル横型の表示例

16:9の横型より一回り大きく見えるのが特徴

■ **ミドル縦型[3:4]に適したプラットフォーム**

縦型動画に近い比率ですが、やや正方形に使い縦長といった比率になります **11**。YouTubeのモバイルアプリやInstagramで見るときなどによい比率感です **12**。

11 画質別ミドル縦型比率の画素数

画質	画素数（横×縦）
HD	720 × 960
フル HD	1080 × 1440
4K	2160 × 2880
8K	4320 × 5760

12 ミドル縦型の表示例

Instagramで見やすいサイズ感に収まります。

目的に合わせて解像度を設定する

比率を決めたら次は解像度です。解像度は画素数を表します。画素数が多いほど動画の細部まできれいに見えます。ただし、その分データサイズも大きくなってしまうので、動画のアップロードや編集作業に時間がかかってしまうことがある点に注意しましょう。

また、モバイル回線で動画を視聴する場合は、データ通信量の上限があるので、データ量が多い高画質の動画は好まれない傾向があります。

基本はフルHDサイズで作ろう

近年のテレビやパソコンは、モニターサイズがフルHDサイズを基準に作られているので、動画の解像度もフルHDサイズで作ることをおすすめします 13 。

また、スマートフォンの画面も高解像度化が進んでいるのでSD・HDサイズで作ってしまうと動画が粗く見えてしまい、拙い印象を与えてしまいます。

13 テレビやパソコンの解像度

フルHDサイズで作ればどのプラットフォームでも転用できます。

■ 4Kサイズは用途によって決める

　YouTube自体はすでに4K再生に対応していますが、スマートフォンで4K画質をそのまま表示できる端末はごく一部の機種しか存在しません。編集する際も非常にデータ量の大きいファイルを扱うことになるため、時間もかかり効率が悪いのが現状です。よほど画質にこだわりたい動画でなければフルHDサイズで十分です 14 。

14 YouTubeの画質

設定を変更すれば4K画質の動画もYouTubeで見ることはできます。ただし、通信速度の問題でスムーズに見れない場合が多いようです。

ファイル形式は.mp4にする

　動画は基本的に静止画の集合体です。1秒間に約30枚ほどの静止画を動かして表現しているので、必然的にデータ量が大きくなってしまいます。その大きなデータを扱いやすいように「圧縮」してデータ量を小さくします。また、その圧縮した動画を再生する際に元に戻す「伸張」という処理も行います。

　この「圧縮」「伸張」を行うことを「コーデック」と呼びます。コーデックにはいろいろ方式が存在しますが、基本はH.264という方式でコーデックを行います。.mp4というファイル形式の動画になれば問題ありません。本書ではコーデックの詳しい技術解説は割愛しますが、.mp4の形式で書き出した動画ならどのプラットフォームもほとんど再生できます。

参考資料

YouTubeヘルプ
「アップロードする動画におすすめのエンコード設定」
https://support.google.com/youtube/answer/1722171?hl=ja

動画作成の実際

section 03 制作を依頼するときの一般的なフロー

動画は内製できるに越したことはありませんが、無理な場合は制作会社に頼むことになります。コストはかかりますが、プロの技術・ノウハウがあるのでクオリティの高い動画が望めます。しかし、制作会社に頼むとしても「何を」「どうやって」頼めばいいのかわからないという方も多いことでしょう。そこで、制作会社に頼むときの一般的な流れを紹介します。

動画の仕様を決めよう

まずは動画の仕様を決めましょう。それがなければ、どれだけ技術力が高い制作会社も動画を作りようがありません。決めるべきものとしては、は大きく以下の5つになります。

① 配信プラットフォーム（YouTube、Facebook、TikTokなど）
② 動画の比率（横型、縦型、正方形など）
③ ナレーション・BGMの有無
④ 撮影の有無
⑤ 訴求内容（新商品PR、キャンペーンPR、新店舗オープンなど）

上記の5つを決めておけば、制作会社もどんな動画を作ればいいのか把握できるので依頼がスムーズになります。

予算を決めよう

動画制作の金額は要望によって金額が変わります。「撮影」「ナレーション」「BGM・選曲」「モデル起用」「ロケ・スタジオ」「衣装・小道具」など動画の内容次第で金額は膨らんでいきます。

ですので、最大予算〇〇万円など発注前に動画にかけられる予算を決めておくことが必要です。予算に応じて制作会社が作れる内容の動画を提案できるようになります。

なお、動画制作にかかる費用は数万～数百万と非常に幅が広くなっています。
　スマートフォンを使って自分たちで撮影した動画を編集してもらうだけなら、それほどの費用は掛かりません。しかし、プロのカメラマンに撮影を依頼し、プロによる編集やナレーションを求めるのであれば、当然ながらそれなりの費用を覚悟しなくてはなりません。
　最近では、テレビCMに匹敵するような高品質な動画広告もあります。ですが、品質が高ければ、高い効果が得られるとも限りません。ターゲットや目的によっては、1本の高品質な動画で勝負するよりも、低予算でも工夫を凝らした動画を複数本用意した方が効果が高い場合もあります。
　多くの動画制作会社では、予算にあわせてプランが選べるようなスタイルになっています。それらを参考にして、想定している動画の制作費にはどれくらいの予算が必要なのか、おおよその見当をつけましょう。

動画は、一度できあがってしまうと修正が非常に難しくなります。修正には、時間はもちろんコストも掛かるので、絵コンテの段階でしっかりと内容を詰めておく必要があります。

依頼する会社を決めよう

　動画の制作ができる会社は、ネットで検索すればすぐに見つけることができます。ただし、大手のテレビCMを制作している会社だと制作費が高く、経験の浅い制作会社だと望んだクオリティの動画が作れないなどの問題が生じます。制作会社を決めるポイントは以下に挙げる3点です。

① 制作実績を公開している
② 見積り・相談ができる
③ 絵コンテを出してくれる

　制作実績は過去作ったものがどのくらいのクオリティなのか確認ができ、見積りや相談に積極的に応えてくれる会社は予算の調整がスムーズに行えます。また、絵コンテをしっかり作れて提示してくれる制作会社であれば認識にずれが起こりづらくなります。
　ちなみに、信頼できる制作会社を見つける最善の手段は、人から紹介してもらうことです。信頼できる人からの紹介であれば、安心して任せることができるでしょう。紹介者から制作会社の得意な分野や予算感などの情報が事前に得られるのも大きなメリットです。最近では、動画プロモーションに関するセミナーや勉強会も頻繁に開かれているので、そこに参加してみるのも一つの手です。

ほとんどの制作会社はブログやTwitterなどのSNSを運営しています。それらで発信している情報を参考にしてもよいでしょう。

制作体制を決める

　制作を依頼する側・制作を受託する側ともにプロジェクト体制を明確にする必要があります。

　動画にOKを出すのは誰か、動画を企画するのは誰か、動画を制作するのは誰かなど、担当者の役割を明確にすることで制作がスムーズに進みます 01 。担当者と役割が決まったら、意思決定の流れを明確にするために組織図を作りましょう 02 。手間が掛かるように感じるかもしれませんが、望んだとおりの動画を作り上げためには、制作体制の確立が必須です。

01 動画制作における役割例

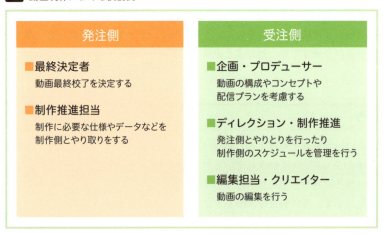

02 動画制作における組織図例

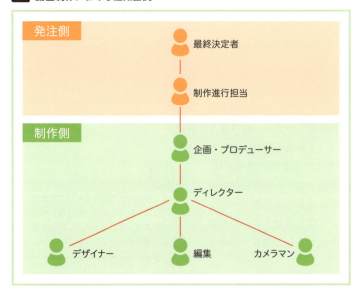

KPIを決める

最後に動画プロモーションのKPIを決めます。ここは制作会社と必ずすり合わせておきましょう。<u>事前にKPIを伝えておけば、同じ意識で制作に取り組んでもらいやすくなり、より望む成果に近づける企画を考えてくれます。</u>具体的には「○○人の来店数向上」「○○円の顧客平均単価向上」「ホームページへのアクセスを○○％向上」といった内容を伝えておくとよいでしょう。ここがあいまいな状態だと動画の訴求ポイントもブレてしまいます。

数字で測れる成果指標を決めておくとより具体的になり、費用対効果も視覚化することができます。

KPIを明確にして伝えておけば、より適切な企画・映像に近づけられるので、しっかりと設定しましょう。

> **KPI**
>
> Key Performance Indicatorの略で、日本語では「重要成果指標」と呼ぶ。売上高や利益のように企業の最終的な目標を示す指標をKGI（Key Goal Indicator＝重要目標達成指標）と呼ぶが、例えば動画プロモーションだけでこのKGIをいきなり達成することは難しい。「来店数向上」など、その施策が有効であれば結果が出やすい中間的な指標を設定し、KPIとして一定期間ごとに計測することで、KGIの達成具合を測ることができる。

Column

絵コンテを自作してみよう

もし仮であっても自社内で絵コンテを作ることができれば、具体的な動画のイメージを共有できるので、より希望に近い動画を制作してもらうことができるでしょう。

必ずしもクオリティが高い絵コンテを用意する必要はありません。絵が上手である必要もありません。イメージが伝えられるのなら、イメージに合う画像をネット上で検索し、それを絵コンテのフォーマットに貼り付けるだけでも構いません（その際、著作権には注意してください）。人物の表情なら、顔に見立てた○の中に「笑い」と書いて表現してもいいのです。自社で用意するのはあくまでも仮であり、「仮の絵コンテ」を元に制作会社と打ち合わせを行い、意識を共有した上で、正式な絵コンテを作ってもらえばいいのです。

インターネット上には、無償で利用できる絵コンテのフォーマットがいくつもアップされています（P40参照）。制作会社が使用しているフォーマットを提供してもらってもいいかもしれません。それらを参考に「絵コンテ」の制作にチャレンジしてみてください。

動画作成の実際

section 04 内製する時の3つの準備

動画を社内で作成するときには、撮影と編集といった制作作業をこなせる環境を整えておかなくてはなりません。しかし、はじめて動画を作る方は、何から準備すればよいか見当がつかないこともも多いことでしょう。ここでは、動画を内製する際の工程と、各工程で必要になる機材等を紹介します。

動画制作に必要な工程

動画制作に必要な工程は以下の3つです。

① 撮影
② 音声収録
③ 編集作業

これらの工程を進めることで動画を作り上げることができます。その際のポイントを見ていきましょう。

動画の撮影はスマートフォンでOK

撮影にはビデオカメラが必要になります。ビデオカメラには、家庭用の手軽な物からプロが使う大きなビデオカメラまで幅広く存在します。

実際にビデオカメラを選ぶとき、どれを選べばいいのかわからないと悩むかもしれません。初心者の方が動画を内製する場合は、まずは簡単な商品紹介動画や、セミナーの中継動画から挑戦することが多いはずです。そのような動画であれば、まずはスマートフォンでも十分です 01 。

現在では、スマートフォンについているカメラでも、プロの使うカメラに劣らない画質で撮れます。スマートフォンであれば大半の方が所有しているのでお金をかけずに準備もできます。

> 例えばインタビューシーンなど、固定アングルで撮影する場合には三脚があると便利です。現在ではスマートフォン用の三脚も数多く発売されています。

スマートフォンなら、パソコンへの動画取り込みや編集も簡単です。またハンディなスマートフォンならではのカメラワークやアングルなどで動画にインパクトを与えることも可能です。

　もちろん、デジタルビデオカメラを利用すると、ズームインやズームアウトをスムーズに行えたり、動いている被写体にピントを素早くあてたりといったスマートフォンではむずかしい撮影も可能になります。スマートフォンでの撮影に物足りなくなったら、ステップアップとしてカメラの購入を考えるとよいでしょう。

01　スマートフォンによる動画撮影

iPhone Xの画素数は1200万画素。4Kビデオ撮影もできるほど高機能です。

動画の音声はガンマイクを準備

　動画に音声を入れるときには音を拾うマイクが必要になります。ビデオカメラやスマートフォンにもマイクは付いていますが、性能は決してよくありません。<u>よりクリアな音声を収録したいのであれば、ガンマイクなどの専用マイクを使うことをお勧めします</u>。

　ガンマイクはスマートフォン付属のマイクとは違って指向性を備えているため、撮りたい音を集中的に拾うことができ、ノイズが入りにくいという長所があります。クリアな音声で収録しておけば、視聴者が聞き取りづらさに苛立つこともなくなるので、用意しておくことをお勧めします。

インタビューなどで最適なのはピンマイクです。なお、ピンマイクには有線と無線があります。当然ですが、無線の方が高価です。

動画の編集には専用ソフトを利用する

　映像と音声が準備できたら、次は編集作業が待っています。動画の編集ソフトは色々ありますが、制作の現場でよく使われているのがAdobe社が販売している動画編集アプリケーション「Premiere Pro」 02 と合成アプリケーション「After Effects」 03 です。この2つを使って、映像をつなぎ合わせたり、テロップを入れたりといった編集作業が行えます。

　プロ用のツールであるこれらのアプリケーションを使いこなせるようになれば、クオリティの高い動画を作ることが可能です。しかし、初心者が使うには覚えることが多く、操作が難しいという問題があります。また、利用形態がサブスクリプションのみになるため、2つのアプリケーションで1ヶ月ごとに4,960円（税別）の利用料がかかる点も注意しましょう。

　なお、Windows 10に付属している「フォト」やAppleの「iMovie」といった、各OSで利用できる標準的な無料動画編集ソフトも存在します。もちろん、「Premiere Pro」や「After Effects」に比べると機能は限られていますが、簡単な編集やテロップの挿入も可能なので、それほど手を入れなくていい場合はこれらを利用する手段もあるでしょう。

　また、現在はスマートフォンのアプリで編集することもできます。この方法については次セクションで詳しく紹介します。

> 「Premiere Pro」と「After Effects」の使用プランは税別で各2,480円/月です。なお、Adobe CCのコンプリートプラン（税別5,680円/月）であれば、「Premiere Pro」と「After Effects」も含めたAdobe CCのほとんどのアプリケーションが利用できます。

02 「PremierePro」の操作画面

「PremierePro」は映像をつなぎ合わせたりナレーションを合わせることが得意。

03 「After Effects」の操作画面

「After Effects」はエフェクトやテロップなどを作るのが得意。

動画生成サービスを利用する手も

　近年では動画制作をより簡単に内製できるようなサービスが登場しています。

　カクテルメイク社から出ている「RICHKA」 04 やスプラシア社からでている「CM STUDIO」 05 などがその代表格です。

　プロが使う編集ソフトは覚えることが多く使いこなすのが難しいのに対して、こうしたサービスは動画のテンプレートを選び、あとは写真や映像を入れ替えるだけで動画ができ上がるというのが特徴です。内製で、あまり個性や独自性をアピールする必要のない動画を手早く作りたいのであれば、この種のサービスを利用するのも選択肢のひとつです。

04 RICHKA

300種類以上のテンプレートから選べる。月額利用料が10万円～で動画は作り放題（https://richka.co）。

05 CM STUDIO

1本5万円から動画を作れるサービス。高品質なテンプレートを多数提供している（https://cmstudio.jp）。

動画作成の実際

section 05 スマートフォンで撮影&編集してみよう

スマートフォンの登場で今や国民総クリエイター時代に突入しました。誰もが写真や映像を「すぐ」「簡単に」「かっこよく」撮れる素晴らしい時代です。それだけの性能を備えたカメラが手元にあるのですから、無理に何十万もするビデオカメラを買う必要はありません。まずはすぐに撮影ができるスマートフォンで動画を作ってみましょう。

道具を使えば撮影の幅が広がる

　現在のスマートフォンに搭載されているカメラは性能が非常に高いので、普通に使うだけでもそれなりの動画を撮ることはできます。ですが、撮影をサポートする道具を使えばもっとよい映像が撮れます。道具にはいろいろなものがありますが、その中でも押さえておきたい製品が以下の3つです。

■ 手振れを防ぐ「スタビライザー」

　スタビライザーは手振れを抑えてくれるアクセサリーです。
　近年のデジタルカメラやスマートフォンはより高画素化しており細部まで綺麗に撮影できますが、その分ちょっとしたぶれも目立ってしまいます。
　スタビライザーはそうした手振れを軽減して、滑らかかつ綺麗な映像を撮ることができるアイテムです。これを使うと映像から素人っぽさが抜けて、締まった映像に仕上がります。スタビライザーには様々な種類がありますが、お勧めなのがDJIから発売されているOSMO MOBILEシリーズです 01 。「スタビライザーと言えばこれ！」と挙げる人も多い代表的なシリーズです。
　値段が手ごろなのも魅力です。これがあれば滑らかな映像が撮影できます 02 。
　固定して撮影する時には三脚などで十分ですが、動きのある映像を撮る時は、スタビライザーが間違いなく活躍します。

01 OSMO MOBILE3のWebサイト

OSMO MOBILE3の価格は13,500円〜。折り畳み式でコンパクトに持ち運べる（https://www.dji.com/jp/osmo-mobile-3）。

02 OSMO MOBILE3のWebサイトにある比較動画

左がOSMO MOBILE3を使用している動画。映像がぶれず滑らかで鮮明な動画になっている（https://www.dji.com/jp/osmo-mobile-3?site=brandsite&from=landing_page）。

■ 自由な画角を演出するレンズ

　近年は、スマートフォンに装着できる外付けレンズも発売されています。最近のスマートフォンは複数のレンズを搭載し、背景をぼかして被写体を引き立てるポートレートモードが可能になるなど、高機能化しています。しかし、遠くにある被写体を大きく映す望遠レンズやダイナミックな撮影が可能な広角レンズなどは搭載されていません。これを補うのが外付けのレンズです。

　こだわった映像を撮るならこうした専用のレンズを付けると、イメージに近い撮影を行うことができます **03** 〜 **06** 。どれも普及品の価格帯は3,000円程度〜と、さほど高くはありません。レンズの効果がわかりやすいので、まずは広角レンズか望遠レンズから使ってみるとよいでしょう。

> スマートフォン用レンズの多くはクリップで本体を挟んで固定します。機種によっては、しっかりと装着できない可能性があるので、事前に確認しておくようにしましょう。

03 望遠レンズで撮影した画像

望遠レンズは遠くの被写体を拡大して撮影できるのが特徴。

04 広角レンズで撮影した画像

広角レンズは範囲の広いダイナミックな映像を撮ることができる。

05 マクロレンズで撮影した画像

マクロレンズは接写ができるレンズ。通常レンズは近すぎるとピントが合わないがマクロレンズなら小さな物でもピントが合わせられる。

06 魚眼レンズで撮影した画像

広角レンズは範囲の広いダイナミックな映像を撮ることができる。

■ 撮りたい音を狙い撮りするガンマイク

　ガンマイクはスマートフォンにも使えるタイプがあります。
　スマートフォンに内蔵されているマイクは通話用なのでカバーしている音域に限りがあります。そのため、こもった音質になりがちです。ガンマイクを使えば高音域な音も収録できるのでクリアな録音が可能です **07**。音が聞き取りづらい状態だと、動画の臨場感も削がれてしまいます。言葉も明瞭に聞き取れるようになることから、プロモーション動画には必須のツールと言えるでしょう。

07 RODE「VideoMicro」のWebサイト

音響機材の大手メーカー「RODE」が出している小型ガンマイク「VideoMicro」。コンパクトなマイクなので持ち運びも便利（https://ja.rode.com/microphones/videomicro）。

Adobe Premiere Rushで編集を行ってみよう

　動画編集は、以前はパソコンでしかできませんでしたが、近年はスマートフォンの編集アプリでも行うことができます。その中でも一番お勧めしたいのがAdobe Premiere Rushです **08**。

筆者の私見では、2019年時点で一番使い勝手がいい編集アプリです。無料プランでもフル機能が使えるので手に取りやすく、iOS・Androidともに使えるのが魅力です。では操作の手順を簡単に紹介しましょう。

> Adobe Premiere Rushはパソコン版もあります。パソコン版もスマートフォン版も、無料プランと有料プランがあります。無料プランでもすべての機能は使えますが、ビデオ書き出しは3つまで、クラウドストレージ2GBまでという制限があります。

08 Adobe Premiere RushのWebサイト

https://www.adobe.com/jp/products/premiere-rush.html

1 アプリを起動してログインする

アプリをダウンロードして起動します。初回はチュートリアルがあるのでここで大まかな流れは把握できます。

① アプリを起動し、アカウントを作成してログインする

② 初回起動時はチュートリアルが始まる

> アカウントの新規作成にはGoogleアカウントやFacebookアカウントを利用できます。Adobe IDをすでに持っている場合は、そのIDでログインしましょう。

③ チュートリアルを終了

2 新規プロジェクトを作成して動画を並べる

　チュートリアルを終えたら、新規プロジェクトを作成して、動画を並べていきます。撮影済みの動画を編集するときは「メディアを追加」から選びます。

① 「+」をタップして「新規プロジェクト」を作成

② 「メディアを追加」を選択

「ビデオまたは写真を撮影」をタップすると、カメラが立ち上がりプロジェクト用の映像を新たに撮影することができます。

③ 「ビデオ」を選択

④ 並べたい順に映像を選択

⑤ 「作成」を選択

ここでは「サンプルメディア」から映像を選択しています。

「トランジション」を利用すると、動画と動画のつなぎ目に暗転やフェードといったエフェクトを加えることができます。単純に映像をつなぐよりも場面の変化が印象に残るので、シーンによっては活用するとよいでしょう。

⑥ プロジェクトが作成される

　選択した順番に動画が並びます。オレンジの枠はその動画を使う範囲を表しており、左右の太線の部分を指でドラッグすると、その動画を途中から始めたり、途中で切ったりすることができます。細かすぎて操作しにくいときは、動画のタイムラインをピンチアウトして横に拡大表示するとよいでしょう。動画をドラッグ＆ドロップすると、順序を変えることも可能です。

⑦ タイムラインを拡大（ピンチアウト）

⑧ オレンジ枠で動画の使用範囲を設定

3 テロップを作成してみる

　タイトルをクリックすれば用意されているタイトルテンプレートを選ぶことができます。好きなタイトルを選んでテキストを入力すると簡単にテロップを作れます。

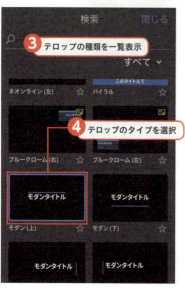

4 BGMを追加してみる

左下の「+」マークをクリックして「メディア」を選択します。その中のオーディオを選択することで用意されているBGMやスマートフォン内にある音楽を選択して編集に組み込むことができます。

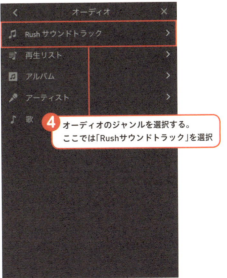

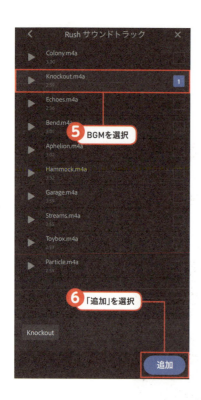

 BGMを使用する場合は著作権に十分な配慮をしてください。なお、誌面で使用している「Rushサウンドトラック」は、私的・商用問わず自由に使用できます。

Arobe Premiere Rush|一般的な質問
https://helpx.adobe.com/jp/premiere-rush/faq.html

5 編集した映像を書き出す

動画の編集が完了したら、あとは上の書き出しボタンをタップし、画質の設定を確認して、書き出せば動画の完成です。

　このように、今ではスマートフォンがあれば一定の水準の撮影や編集ができるようになりました。プロが使うような機材やアプリケーションを使わなくてもしっかりとした動画は作れますので、ぜひスマートフォンからチャレンジしてみてください。

動画作成の実際

section 06 完成した動画をチェックする際のポイント

動画が完成したら、すぐにでも公開したくなります。ですが、せっかく作った動画にミスがあると、それだけで見る人の印象はガタ落ちになります。
完成した動画は、公開する前に必ずチェックをするようにしましょう。その際、特に注意しておきたいポイントを紹介します。

①誤字脱字を確認する

　基本中の基本ですが、テロップに誤字や脱字がないかチェックしましょう。特に見落としがちなのが「英字」のミスです。見慣れていない分、英字のスペルミスに気がつかないことがよくあります。例えば以下の英単語の、どこが間違っているか、一見してわかりますか？

（誤）Wondarful World
　↓
（正）Wonderful World

　間違っている方は、Wonderfulのeがaになっています。動画を熱心に観てくれる人ほど、このようなミスに気がついてしまいます。そして、間違いを見つけると、どんなに面白い動画であっても興ざめしてしまう人もいます。
　「神は細部に宿る」という言葉がある通り、細かいところほど入念にチェックすることで質の高い動画になります。
　文章が長いテロップなどは脱字を誘発しやすいので、時間をかけて一言一句、声に出して読み上げると間違いに気づきやすくなります。誤字脱字は制作者自身の評価にも関わりますので、細かくチェックしてください。

②カンプ素材がないか確認する

　イメージを固める際に仮の写真や映像を入れることがあります。そうした仮の素材をカンプ素材と言います。これらが動画内に残っていないか確認しましょう。

　映像や写真素材の販売サイトであるAdobe Stock（アドビストック）やアマナイメージズなどでは、購入前に使用イメージを確認できるように、カンプ素材を提供しています。これらはそのまま公開物で使われないように透かしコピーが入っています 01 。

　こうしたカンプ素材を見落としてしまうこともあり得ます。動画自体の印象が悪くなるだけではなく、素材の無断利用となってしまいますので、残っていないか必ず確認しましょう。

カンプ素材にある透かしは「ウォーターマーク」と呼ばれます。

01 Adobe Stockのカンプ素材

「Adobe Stock」の透かしが入っている。

③映像と音のズレを確認する

　最後に、映像と音声のズレがないかを確認します。編集の時にタイミングを合わせて違和感のない映像ができたと思っていても、不意に指がマウスやキーボードに当たってしまい、データが崩れることがあります。最後まで気を抜かずに編集を行ってください。

　また、編集データに問題がなくても、書き出した動画ではなぜか音ズレが発生することがあります。これは、取り扱う映像のファイル形式が影響する場合があるからです。映像素材がmp4形式だとこうしたケースは起こりにくいので、極力mp4形式の映像データを使って編集することをお勧めします。

Column
専門的な編集ができるアプリケーション

　動画制作会社では多くの機能を備える専門的なアプリケーションを使って動画を作っています。代表的なのはP70でも紹介した、Adobe社が提供している「Adobe Premiere Pro」 **01** と「Adobe After Effects」 **02** です。

多くのクリエイターがこのアプリケーションで動画を制作しています。「Adobe Premiere Pro」では主に動画や音の編集を、「Adobe After Effects」は主に視覚効果を合成する際に利用します。

01 Adobe Premiere Pro

02 Adobe After Effects

　Adobe社製品以外では、Blackmagic Design社の **03** 「DaVinci Resolve」やAvid Technology社の「Media Composer」 **04** などが使われています。なお、この2製品は無料版もあります。有料版と比較すると機能が限られていますが、それでも十分に高品質な動画制作が可能です。

03 DaVinci Resolve

04 Media Composer

　これらの専門的なアプリケーションの操作には知識や技術、経験が必要になりますが、使いこなせるようになれば思い通りの動画を作れるようになります。

　動画制作の経験を積んで自信がつき、現状の環境に物足りなさを感じはじめたようなら、これらのアプリケーションに挑戦してみるとよいでしょう。

Chapter 4

YouTubeに動画を
アップロードしてみよう

YouTubeのチャンネルを作り込む

section 01 YouTubeチャンネルを作成する

YouTube チャンネルはGoogleアカウントがあればつくることができます。ひとつのGoogleアカウントで複数のYouTube チャンネルをつくることも可能です。ここではYouTubeの個人アカウントと、ブランドアカウントでのYouTubeチャンネルの作成・設定方法について解説します。

1 YouTubeアカウントの作成手順

　Googleアカウントを作成した上でYouTubeにアクセスし、右上のアカウント名が表示されているアイコンをクリックします。するとYouTubeの各種メニューが表示されますので、「チャンネル」をクリックします。

❶ 右上のアイコンをクリック
❷「チャンネル」をクリック

> Googleアカウントの作成方法は以下を参考にしてください。
>
> **Googleアカウントヘルプ**
> **「Googleアカウントの作成」**
> https://support.google.com/accounts/answer/27441?hl=ja

YouTubeのチャンネル作成画面が表示されるので、アカウントの氏名を入力して「チャンネルを作成」ボタンをクリックします。

2 ブランドアカウントの作成

　「あなた個人のYouTubeチャンネル」が作成されました。このチャンネルで動画を配信しても構いません。ただ、最初に作成されたチャンネルはあなたのプライベートな情報を管理するYouTubeチャンネルになっています。お気に入りの動画や登録したチャンネル、視聴履歴などの表示を中心にチャンネルが構成されてしまっているので、ビジネスとはまったく関係ない個人的な視聴履歴の動画が表示されたりすることがあります。

　このようなことにならないように、個人のチャンネルとは別の「ブランドアカウント」でYouTubeチャンネルを運営していくようにしましょう。ブランドアカウントは複数のYouTubeチャンネルを同時に運営できる仕組みなので、テーマごとにチャンネルを変えることも可能になります。

ブランドアカウントの詳細は以下を参照してください。

Googleアカウントヘルプ
「ブランドアカウントの管理」
https://support.google.com/accounts/answer/7001996?co=GENIE.Platform%3DDesktop&hl=ja

右上のアイコンからメニューから「設定」をクリックし、「新しいチャンネルを作成」を選択します。するとブランドアカウント作成画面が表示されるので、好きな名称を入力しましょう。ここで入力した名称がYouTubeチャンネルの名称になります。なお、この名称は後から変更も可能です。

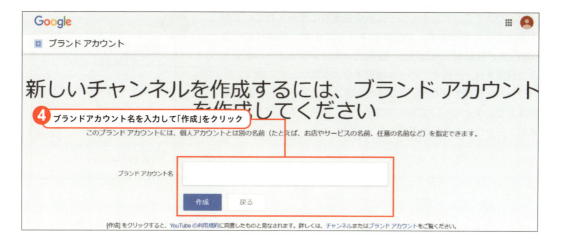

Googleアカウントの種類によっては、携帯電話のメールアドレスを入力して確認を行う必要があります。

3 YouTubeアカウントの確認手順

　YouTubeチャンネルをつくったあとに必ずやっておきたい作業が、「YouTubeアカウントの確認作業」です。YouTubeアカウントが確認されることにより、以下のような2つのメリットがあります。

① 15分以上の動画をアップロードできるようになる
② 動画アップロード時にカスタムサムネイルの設定ができるようになる

　まず①について解説します。YouTubeチャンネルの初期設定では、アップロードできる動画の時間は15分以内に制限されています。アカウント確認をおこなうと15分以上の動画もアップロードできるようになります。

続いて②です。サムネイルとは動画視聴前に表示されている静止画のことを指します。このサムネイルですが、初期状態ではYouTubeが自動的に抽出した、動画の一部分がサムネイルとして3つ設定され、その中から一つ選択するようになっています。アカウントが確認されると3つの抽出画像に加えて、自分で好きな画像をサムネイルとしてアップロードし、利用できるようになります。アカウント確認の手順は以下の通りです。

> 2018年2月より、YouTubeチャンネルの管理画面が、従来の「クリエイターツール」から「YouTube Studio（ベータ版）」に変更されました。名前の通りベータ版なので、今後、細かな変更が加えられる可能性があります。なお、ここで説明しているのは2019年8月時点の手順です。

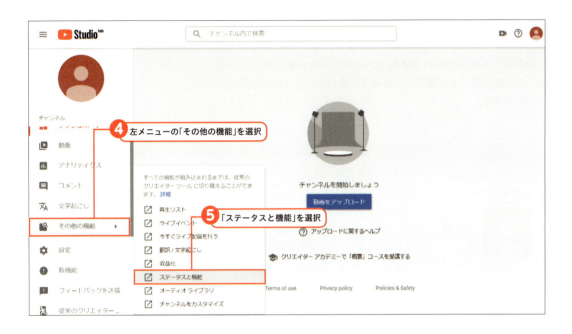

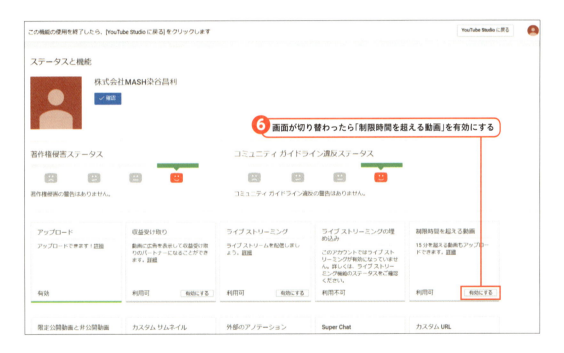

アカウントを確認するために電話番号を登録します。確認の方法は音声メッセージかSMSを選択できます。

音声メッセージの場合は音声で、SMSの場合はテキストメッセージで確認コードが通知されるので、それを入力すれば確認完了となります。

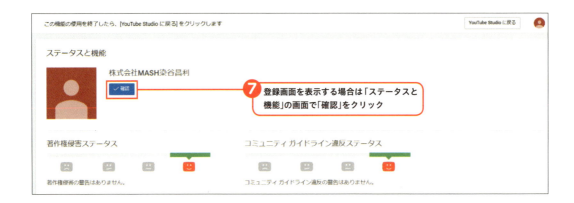

7 登録画面を表示する場合は「ステータスと機能」の画面で「確認」をクリック

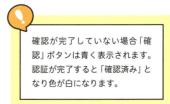

確認が完了していない場合「確認」ボタンは青く表示されます。認証が完了すると「確認済み」となり色が白になります。

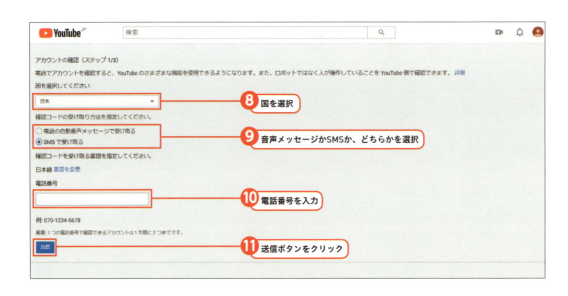

8 国を選択

9 音声メッセージかSMSか、どちらかを選択

10 電話番号を入力

11 送信ボタンをクリック

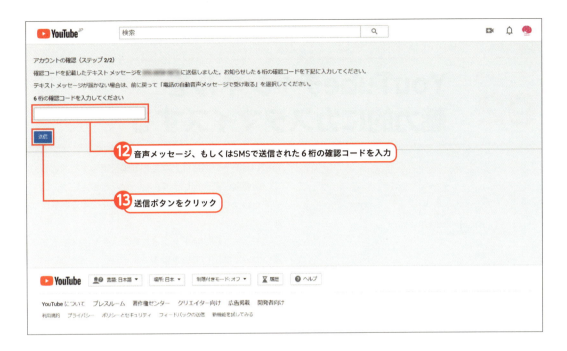

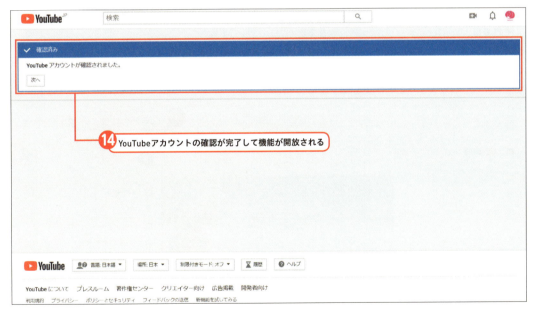

　なお、P89で触れたカスタムサムネイルについては、P104で詳しく紹介します。

YouTubeのチャンネルを作り込む

section 02 YouTubeチャンネルを魅力的にカスタマイズする

YouTubeチャンネルはあなたの動画を集約する場として、重要な役割を担います。しっかりと設定して、見やすくわかりやすいYouTubeチャンネルにする必要があります。
ここでは、YouTubeチャンネルをカスタマイズする方法について解説していきます。

1 YouTubeチャンネルの名称を変更する

　それでは、YouTubeチャンネルの名称を変更したい場合の手順を解説します。なお、YouTubeの設定は、基本的に右上のアイコンをクリックして行います。このアイコンはYouTubeのどの画面からでもクリックすることができます。

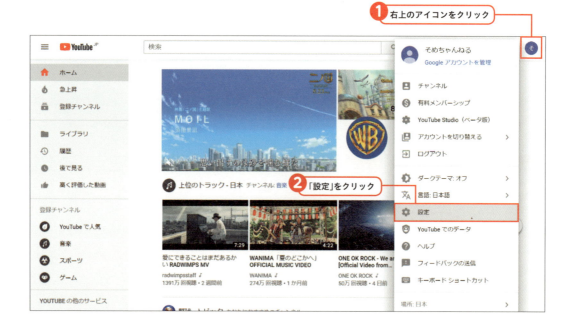

94

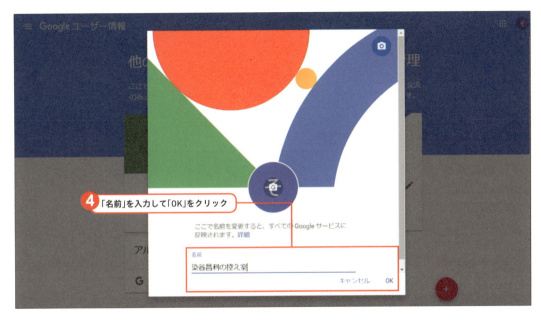

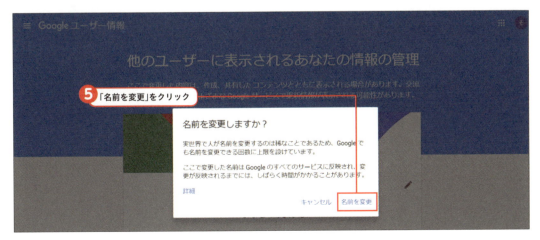

⑥ チャンネルの管理画面に戻って、チャンネル名が変更されているか確認

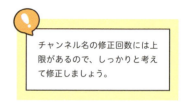

チャンネル名の修正回数には上限があるので、しっかりと考えて修正しましょう。

2 チャンネルアイコンの変更手順

　初期設定の状態では、アイコンにはチャンネル名の頭文字が表示されています。このままでは配信者のキャラクターが見えづらいので、適切なアイコンに変更しましょう。

　まず、P94 〜 95と同様の手順で「Googleアカウントの管理」から「Googleで編集する」をクリックし、名前の変更画面を表示します。その後は次のような手順でアイコンを変更します。

① アイコンの箇所をクリック

> アイコンの形状は正方形なので、正方形の画像を用意しておくとよいでしょう。

5 チャンネルの管理画面に戻って、アイコンが変更されているか確認

3 YouTubeチャンネルの概要(基本情報)の変更手順

　YouTubeチャンネルの概要(基本情報)を変更したい場合の手順を解説します。YouTubeは基本的に動画コンテンツですが、概要はテキストコンテンツを表示可能ですので、チャンネルの内容や、SNSアカウント、運営メディアのURLなどをしっかり記載しておきましょう **01** 。

01 YouTubeチャンネルの概要設定画面

　YouTubeチャンネルのヘッダー部分をチャンネルアートといい、この画像を変更することができます **02** 。チャンネルアートはパソコン、モバイル端末、テレビ画面でそれぞれ表示のされ方が異なります。YouTubeの公式ヘルプには推奨サイズに関して次のような説明があります。

- テレビサイズ：2560×1440ピクセル
- 最小アップロードサイズ：：2048×1152ピクセル
- テキストやロゴの最小安全領域：1546×423ピクセル。この範囲外にある画像は、一部のビューや端末ではカットされて表示されることがあります
- 最大幅：2560×423ピクセル。この幅では、画面のサイズに関係なく「安全領域」が常に表示されます。チャンネルアートの両端の領域はユーザーのブラウザウィンドウのサイズに応じて表示される場合と表示されない場合があります
- ファイルサイズ：6MB以下

チャンネルアートについての詳細は以下を参照してください。

YouTubeヘルプ「チャンネルアートの作成または編集」
https://support.google.com/youtube/answer/2972003?hl=ja

① チャンネルの管理画面から「チャンネルをカスタマイズ」をクリック

② 「チャンネルアートを追加」をクリックして画像を変更

③ チャンネルアートが変更される

実際に画像をアップロードしてみると一目瞭然ですが、<u>テレビサイズ全体で画像を作成すると、一般的に視聴に使われるパソコンやスマートフォンでは見切れが大きく、不格好になってしまいます</u> 02 。<u>画像自体は2560×1440のテレビサイズで作成し、必要な情報は1546×423サイズ内に収まるように調整しましょう</u> 03 。

　画像はWebサービスで提供しているバナーメーカーを利用すると、簡単におしゃれなデザインを作成することができます 04 。

02 テレビサイズ全体の画像を設定した場合の表示例

03 必要な情報を1546×423サイズに収めた場合の表示例

この画像では、423ピクセルの上下の空白部分を白で塗りつぶしています

04 YouTubeバナーメーカー

https://www.canva.com/ja_jp/create/banners/youtube-banners/

　チャンネルアートを変更したら、チャンネル説明を追加しましょう。チャンネル説明には、自分のYouTubeチャンネルがどのような動画を配信しているのかの説明文や、運営サイト、SNSなどの情報を掲載することが可能です。ここに情報をたくさん載せておくとファンの共感を生んだり、外部サービスとの連携がしやすくなりますので、必要な情報はくまなく載せておきましょう。

101

③ 「チャンネルの説明」を入力

④ 「ビジネス関係のメール」「場所」を同様の手順で入力

チャンネルアート、アイコン、概要文とリンクの入力が終わりました。これで基本的なチャンネルの設定は終了です。

次セクションからは、動画のアクセス数をアップするためのノウハウを見ていきましょう。

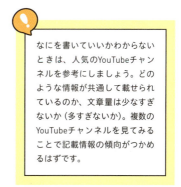

なにを書いていいかわからないときは、人気のYouTubeチャンネルを参考にしましょう。どのような情報が共通して載せられているのか、文章量は少なすぎないか（多すぎないか）。複数のYouTubeチャンネルを見てみることで記載情報の傾向がつかめるはずです。

再生数アップに必要なこと

section 03 視聴数を大きく左右するサムネイルを設定する

YouTubeに動画をアップロードすると、動画の中から自動的に3つのサムネイル（静止画）候補がつくられ、そのうちのひとつがデフォルトのサムネイルとして設定されます。サムネイルは動画の編集画面で簡単に変更できるので、自分の伝えたいイメージにあったものを設定しましょう。

1 カスタムサムネイル設定の手順

P89で解説した「YouTube アカウントの確認」が完了していれば、自動的に設定された3つのサムネイル以外にカスタムサムネイルをアップロードして設定することが可能になります。

カスタムサムネイルの設定手順は次のようになります。

管理画面の「動画」から編集したい画像をクリックすると、動画のタイトルや説明、そしてサムネイルなどを設定する画面が表示されます。

　サムネイルの項目には、自動的に抽出された画像が3点とカスタムサムネイルを設定する項目が表示されます。ここで「カスタムサムネイル」をクリックして自作の画像を挿入します。

　挿入する画像は、一目で動画の内容がわかるものにしましょう。

動画から自動的に抽出されたサムネイル画像

❸「カスタムサムネイル」をクリックして画像を挿入

YouTubeに投稿されている動画には、サムネイルにタイトルやテロップなど文字情報が入っているものが数多く見られます。文字情報があれば、それがどんな動画なのかがよりわかりやすくなります。ただし、サムネイルとして表示されるサイズは決して大きくはありません。また、サムネイルが文字情報ばかりになると、いわゆる「文字だけ動画」だと思われてしまい、敬遠されてしまうかもしれません。サムネイルに文字情報を入れる場合は、できるだけ短く、文字のサイズや色などにメリハリを付けて入れるようにしましょう。

④ 挿入したカスタムサムネイルが表示される

次ページの 01 のチャンネルは自動抽出画像が、02 のYouTubeチャンネルはカスタムサムネイルが設定しています。どちらの動画の方が見たくなりますか？

　YouTubeを眺めていると、動画配信者の多くがこのカスタムサムネイルを設定していることに気づくでしょう。その理由は、<u>カスタムサムネイルの選択一つで視聴数が大きく変わるからです</u>。動画のサムネイルを見て、「この動画、面白そうなので見たい！」と思ってもらうために、必ずカスタムサムネイルを設定しましょう。

> YouTubeの自動抽出画像は、Googleが持つ膨大なデータを用いたAIによって抽出されています。被写体が構図に収まっているか、ブレがないかなどを認識し、画像としてのクオリティが高いものを候補として表示しています。さらに多くのデータが集まり、AIによる分析が進めば、より効果が高い自動抽出画像が生成されるようになるかもしれません。しかし、少なくとも現時点では、カスタムサムネイルを設定した方が高い効果が見込めます。

01 自動抽出画像をサムネイルにした場合

02 カスタムサムネイルで画像を設定した場合

monograph/ 堀口英剛

再生数アップに必要なこと

section 04 再生数を稼ぐ動画のポイント

YouTubeで再生数を稼ぐ動画には、いくつかの共通するポイントがあります。もちろん、それだけで再生数が増えるとは限りませんが、すくなくともそれらのポイントは押さえておくようにしましょう。特に動画のタイトルと説明については、しっかりと記述するようにしましょう。

YouTubeの視聴環境はスマートフォンに移行

　P10でも解説しましたが、現在ではインターネットを活用する際に、パソコンよりもスマートフォンを利用する人が増えてきています。この傾向はYouTubeなどの動画でも同様です。

　2019年2月にニールセンから発表された調査結果によると、特に若い人ほどスマートフォンのみで動画を視聴する割合が高く、YouTubeを利用する18-20歳のうち87％はスマートフォンのみで

01 トータルデジタル YouTubeリーチ スマホのみの利用状況（2018年12月）

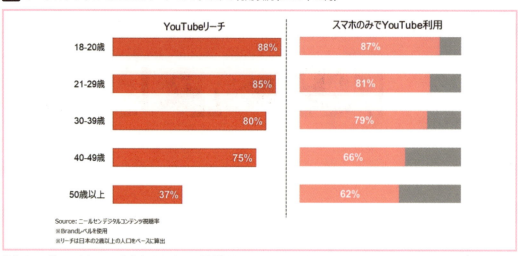

出典：https://www.nielsen.com/jp/ja/insights/article/2019/nielsen-pressrelease-20190227-digital-audience-measurement/

動画を視聴しているというデータが出ています。また、すべての年代において、スマートフォンのみでのYouTube利用者は60％を超えています 01 。

さらに「ほとんどの視聴者が、ひとつの動画を長時間真剣に見ているのではなく、短い動画をいくつもいくつも順番に見続けている」という特徴があります。じっくりと腰を据えて動画を見るのではなく、ちょっとしたスキマ時間にスマートフォンで視聴しているようなイメージです。

ということは、手間をかけて長時間の動画をつくってもYouTubeでは最後まで見てもらえない可能性が高いことが想定できます。つまり、YouTubeを活用するには、YouTubeにマッチした動画を作成し、効果的に配信することが重要となります。

動画の文字情報には検索用キーワードを埋め込もう

YouTubeを利用する際に注意すべき点があります。それは、ただ動画をアップするだけでは検索エンジンによる検索にはヒットしないということです。

基本的に、Googleなどの検索エンジンでは文字（文章）が検索対象となり、動画そのものは検索エンジンの検索対象とはなりません。

ブログやWebサイトといったテキストコンテンツは、書いた記事（コンテンツ）がそのまま検索の対象になります。しかし、動画には文章がないので、単に動画（コンテンツ）をアップロードしただけでは、検索エンジンに認識してもらえません。検索エンジンに認識してもらうためには、的確な文字情報を載せておく必要があります。

検索の対象は以下の3つの文字情報です。

■ 動画タイトル

動画を視聴してもらうためには、タイトルはとても重要な項目です 02 。

「動画を見たい！」という感情になってもらうためには、「サプライズ（感情の変化）」と「視聴者への投げかけ」がポイントになります。

「食べるほど健康になるカップ麺？！日清のAll-in noodles食べてみた。」「いよいよ発表！新型iPhone 11 ProとPixel4、僕が買うのは…？」のように、「サプライズ」と「投げかけ」のキーワードを加えながら、動画タイトルを考えてみましょう。

> 現在、Googleでは、動画内で表示されている対象物やその動きを、例えば「人」「走る」などのキーワードで検索するAPI（Cloud Video Intelligence）を公開しています。技術が発達すれば、動画内に含まれた情報を検索エンジンで探し出すことができるようになるかもしれません。
> https://cloud.google.com/video-intelligence/?hl=ja

02 動画タイトルの例：どんな机も充電器に変える「見えない」ワイヤレス充電器

monograph/ 堀口英剛（https://www.youtube.com/watch?v=0a8vB_yeoi0）

■ **動画の説明欄**

　動画の説明欄は、タイトルと同じぐらい重要な項目です。動画の概要を書くことはもちろんですが、誘導したいURLを記載するなど、自由にスペースを使うことができます。また検索でも大切なテキストコンテンツとなりますので、検索エンジンを意識した説明文を記入しましょう。

　動画の説明欄は最大で5,000文字まで入力できます。ただし、最初に表示されるのは冒頭の部分のみで **03**、残りは「もっと見る」をクリックしないと表示されません **04**。ですから、特に読んでもらいたい情報は冒頭に記載するようにしましょう。

03 動画説明欄の例（折りたたまれた状態）

monograph/ 堀口英剛（https://www.youtube.com/watch?v=0a8vB_yeoi0）

04 動画説明欄の例（「もっと見る」をクリックして説明欄を開いた状態）

monograph/ 堀口英剛
2019/07/22 に公開

チャンネル登録はこちらから！：http://www.youtube.com/channel/UCzH-l...

先日Makuakeで話題になっていた、どんな机の天板もiPhoneやAndroidのワイヤレス充電器に変えてしまうガジェット「DESK HACK」をレビューしてみました。

今までは「ワイヤレス充電器自体」が場所を取ってしまうので日常では使っていなかったんですがこれなら見た目もスッキリ、邪魔にもならない。全ての机にこれ備え付けたいなと思いました。

【Amazon】
https://amzn.to/30M5our

―――――――――――――――――
SNS
―――――――――――――――――

【BLOG】
https://number333.org/

【LINE@】
https://line.me/R/ti/p/?lk1205d

【Twitter】
https://twitter.com/infoNumber333

【instagram】
https://www.instagram.com/hidetaka_ho...

【Mail】
horiguchi@drip.co.jp
※お仕事のお問い合わせはこちらまで

【Book】
ポプラ社から「人生を変えるモノ選びのルール」という本も出しています。
https://amzn.to/2SxfsVn

―――――――――――――――――
dripから出している商品

monograph/ 堀口英剛（https://www.youtube.com/watch?v=0a8vB_yeoi0）

■ タグ

「タグ」は「動画タイトル」や「説明欄」と違って、視聴者には表示されません。ただし、YouTube内では動画検索のためのキーワードとして非常に大切な役割を担っています。

「タグ」には検索に直結するキーワードを入力するのがお勧めです。動画の内容を端的に表すキーワードや名前、場所など、具体的な情報を入れるようにしましょう。

タグを入力する際は、カスタムサムネイルの設定（P104）と同様の手順でYouTube Studioの左メニューから「動画」を選び、目的の動画をクリックすれば入力欄が表示されます。

1本の動画の長さはどれくらいが最適なのか

前述したように、現在ではスキマ時間にスマートフォンで視聴するユーザーが多くなっています。短いスキマ時間を使うのですから、動画も「短い動画」であることが重要です。最適な長さは諸説ありますが、エンタメ的な動画であれば一般的に3～5分が適していると言われています。ただし、3分流しっぱなしの動画ではなく、30～60秒のカットを組み合わせて、一本の動画にしていくことをオススメします。その理由は、人間の集中力は長続きしないからです

コンテンツマーケティングに関する情報を提供しているブログ「コンテンツマーケティング研究所」 05 では、「30秒以内の動画なら平均して全体の80％、1分以内の動画なら70％、5分以内の動画なら60％まで見てもらえる」というデータが提示されています。

最初の30秒が面白ければ、継続して動画を視聴してくれる可能性が高まりますし、逆に面白くなければ離脱してしまいます。短い動画を積み重ね、視聴者に飽きさせない工夫をこらす必要があります。

なお、YouTubeアナリティクスでは、動画がどれくらい見られているかを「視聴者維持率」という指標で確認することができます。YouTubeアナリティクスでは、動画の再生時間、再生地域、視聴者の性別など、視聴状況を詳しく調べることができるようになっています。

がんばって作った動画です。YouTubeアナリティクスの情報を参考にしながら、しっかりとメンテナンスして多くの人に見てもらえるよう工夫と改善を繰り返しましょう。

05 動画のベストな長さは？ ～動画マーケティングでいつも迷うこと～

コンテンツマーケティング研究所 (http://cm-labo.com/strategy/movie-length.html)

視聴者維持率とは

視聴者維持率とは、「一つの動画を視聴者がどれくらいの時間、閲覧し続けているか」ということを数値化したものです。

具体的な数値で説明すると、5分間の動画で視聴者の再生時間平均が3分の場合、その動画の視聴者維持率は60％です。配信している全動画の平均視聴時間と平均再生率も表示できますし、個別動画ごとの数値も確認することができます。

個別動画の場合は、プレーヤーで再生しながら動画の各時点での視聴者維持率を確認することができます。どこで視聴率が落ちているのかを確認できるため、動画の構成を考えるときにとても役に立ちます。視聴率が極端に落ちている箇所があったら、そのパートをカットしたり、動画を分割したりすることで視聴者維持率を改善することが可能です。

YouTubeヘルプに視聴者維持率の測定方法が掲載されていますので、確認しておきましょう。

視聴者維持率を測る

https://support.google.com/youtube/answer/9314415?hl=ja

数多くの短編動画を頻繁に投稿しよう

動画を制作しはじめると、どうしてもクオリティの高い動画を作ろうという気持ちになり、1本の動画の制作に多くの時間をかけてしまいます。もちろんその気持ちは大切なのですが、1本のクオリティの高い長編動画よりも、短編動画を定期的に配信した方が視聴者数（チャンネル登録者数）が伸びやすい傾向があります。

動画は効率的に短時間でつくって、タイトルや説明文、サムネイルの工夫、そしてチャンネル登録を促す仕組みなどの運営をしっかりやっていく。この基本的な考え方を忘れずに、ファンとのつながりを構築していきましょう。

チャンネル登録を促そう

気に入ったブログやWebサイトはブックマークをします。ブックマークをする人が増えれば、情報も広がります。YouTubeも同様で、固定視聴者（ファン）が増えるとより情報が伝わるようになります。そのためにYouTubeで人気を集めるためには一本一本の動画だけではなく、YouTubeチャンネルの登録者を増やす施策も重要になります。

視聴者がチャンネル登録すると、登録したYouTubeチャンネルに新しい動画がアップされた際にYouTubeからメールで通知されたり、スマートフォンやタブレットに通知が飛んだりします。あなたが動画を配信したことが視聴者にいち早く伝わり、視聴してもらうきっかけを生み出すことができます。

チャンネル登録を増やすための特効薬はありません。動画の最後にチャンネル登録を促すお願いを入れてみたり、画面内に「チャンネル登録はこちら」というリンクを配置したりと 06 、地道な積み重ねを続けていきましょう。

この地道な積み重ねがチャンネル登録者数を増やし、視聴時間や視聴維持率の向上につながっていくのです。

> 動画の最後にチャンネル登録のリンクを追加するときは、カスタムサムネイルの設定（P104）と同様の手順でYouTube Studioから目的の動画を開き、右下の「終了画面」ボタンをクリックして、「要素を追加」ボタンから「チャンネル登録」を選びます。

06 動画の最後にチャンネル登録を追加する

再生数アップに必要なこと

section 05 YouTube アナリティクスで分析する

YouTubeには視聴データを確認できるYouTubeアナリティクスという機能があります。蓄積されたデータを分析することが、人気動画を創り出すポイントにもつながります。ここでは、YouTubeアナリティクスで、特にチェックしておいた方がよい項目をいくつか解説します。

1 YouTubeアナリティクスの表示方法

　YouTube アナリティクスは、動画視聴のユーザー層などをリアルタイムで分析できる機能です。特別な設定は不要で、使い方も非常に簡単です。利用しない手はないので、ぜひとも使い方をマスターしましょう。YouTube アナリティクスには「YouTube Studio（ベータ版）」からアクセスすることができます。

2 YouTubeアナリティクスで分析期間を設定する

YouTubeアナリティクスの分析期間を設定します。なお設定できる期間で「カスタム」を選択すれば、自由な期間を設定できます。

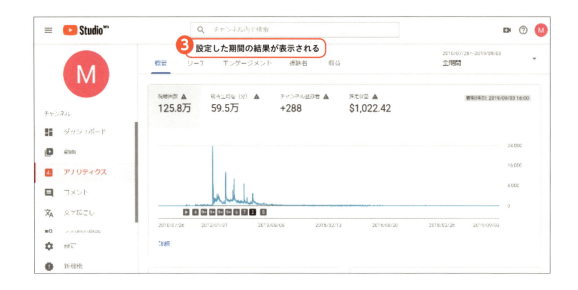

3 人気の動画データをチェックしよう

　YouTubeアナリティクスのダッシュボードを下にスクロールしていくと、人気順に動画がリストアップされています。人気動画を分析すると同じような成功パターンを積み上げることができるので、しっかりとチェックしましょう。
　「概要」タブをクリックすると下部に「視聴者維持率」という項目が表示されます。この項目は、ユーザーが最後まで動画を視聴してくれたかを判断できる指標になります。

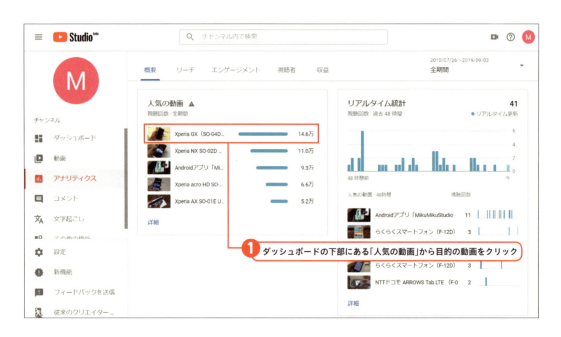

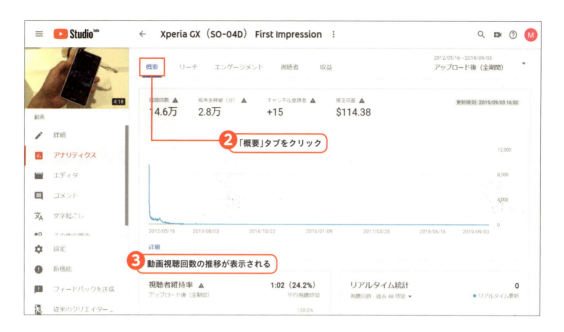

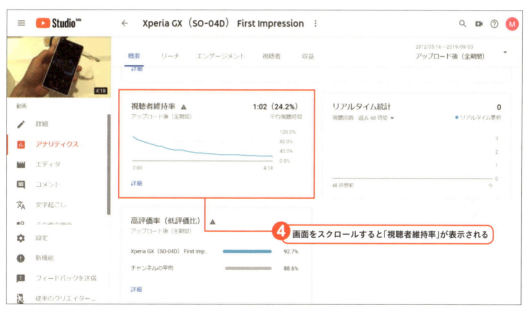

01 と 02 からは、約80％のユーザーが最初の15秒は視聴していますが、4分経つと約20％のユーザーしか視聴していないことがわかります。視聴者維持率がガクンと下がっている時間帯がどうなっているのか、最後まで視聴者維持率が下がらない動画はどのような傾向があるのかを分析しましょう。

01 開始から15秒までの視聴者維持率のサンプル

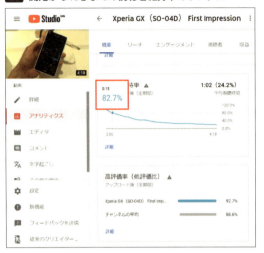

02 開始から4分後の視聴者維持率のサンプル

リーチタブからは、どこから視聴者がやってきているのか（トラフィックソース）を分析することができます。

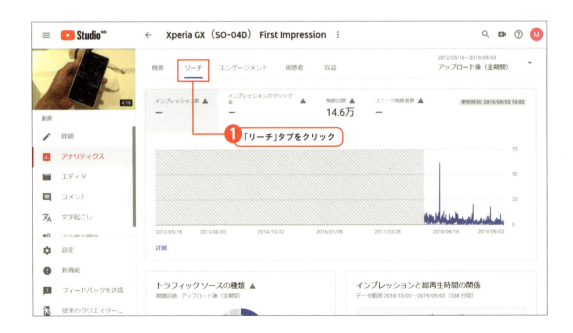

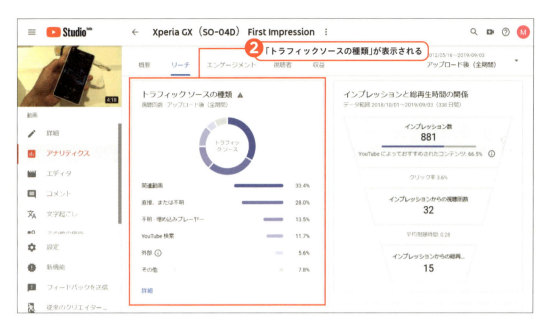

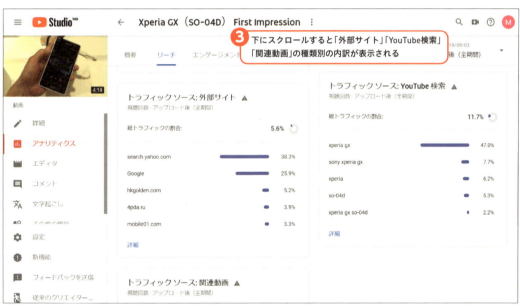

　動画が閲覧されるルートは、大きく分けて「外部サイト（ブログやSNS含む）で紹介される」「YouTube内で検索される」「関連動画に表示される」の3パターンがあります。
　下にスクロールするとこれらの内訳を確認することが可能です。

各項目の下に「詳細」のリンクがあります。これらをクリックすると視聴回数の割合だけでなく、平均視聴時間や総再生時間などの詳細な情報を確認できます 03 04 。

03 「トラフィックソースの種類」の「詳細」をクリック

トラフィックソース	インプレッション数	インプレッションのクリック率	視聴回数		平均視聴時間	総再生時間（分）	
合計	−	0%	145,527	100.0%	1:02	28,335	100.0%
関連動画	−	−	48,538	33.4%	0:54	10,804	38.1%
直接、または不明	−	−	40,797	28.0%	1:06	5,345	18.9%
不明・埋め込みプレーヤー	−	−	19,693	13.5%	1:25	2,558	9.0%
YouTube 検索	−	−	16,981	11.7%	1:04	4,396	15.5%
外部	−	−	8,148	5.6%	1:15	1,119	3.9%
その他の YouTube 機能	−	−	4,000	2.7%	1:03	2,817	9.9%
ブラウジング機能	−	−	3,916	2.7%	1:01	860	3.0%
Google 検索	−	−	3,360	2.3%	1:25	360	1.3%
チャンネルページ	−	−	65	0.0%	0:52	22	0.1%

04 「関連動画」の「詳細」をクリック

トラフィックソース > 関連動画	インプレッション数	インプレッションのクリック率	視聴回数		平均視聴時間	総再生時間（分）	
合計	−	0%	48,538	100.0%	0:54	10,804	100.0%
Sony Xperia GX & SX Unveiled (4.6", 1.5 GHz Dual-Core, 13 MP, 720...	−	−	4,442	9.2%	1:10	1,088	10.1%
Sony Xperia GX (LT29/SO-04D) - Hands-on	−	−	3,925	8.1%	0:57	561	5.2%
[sony mobile]XPERIA GX xi SO-04D white model (LT29i)	−	−	2,601	5.4%	0:55	976	9.0%
ドコモ 2012夏モデル・Xperia GX, Xperia SX #DigInfo	−	−	1,552	3.2%	1:04	154	1.4%
Xperia SX SO-05D(MT28)のヌルヌル感をチェック！hands on	−	−	955	2.0%	0:45	21	0.2%
Sony Xperia SX (MT28/SO-05D) - Hands-on	−	−	929	1.9%	0:49	124	1.1%
Xperia SX SO-05Dの動作チェック	−	−	897	1.8%	1:04	78	0.7%
Sony Xperia GX & SX smartphones - docomo summer 2012 #DigInfo	−	−	838	1.7%	0:57	226	2.1%
Xperia GX SO-04D	−	−	761	1.6%	1:03	235	2.2%

リーチのトラフィックソースを把握することは重要です。動画の視聴回数を増やすための施策はトラフィックソースごとに異なるためです。

例えば外部サイトの場合は、自分のブログやSNSで拡散することで視聴数を伸ばすことが可能です。YouTube検索の場合は適切なキーワードを動画のタイトルや概要に入力することが大切になってきます。

関連動画についてはYouTubeのアルゴリズムで自動的に最適化されているためコントロールが難しいものの、詳細の内訳を確認することで、どのような動画の関連動画として表示されているかは把握できます。表示されている動画の内容やタイトル、概要を分析するなどして、効率的に関連動画に表示されるように研究してみましょう。

なおYouTubeアナリティクスについては公式のヘルプページもありますので、一通り読んでおくことをお勧めします。

05 YouTubeアナリティクスヘルプ

https://support.google.com/youtube/answer/1714323?hl=ja

再生数アップに必要なこと

section 06 YouTube動画を拡散するポイント

苦労して作った動画を投稿しても、誰にも見てもらえないようならば意味がありません。しかし、YouTubeに投稿しただけで沢山の人に見てもらえるといったことは滅多にありません。人々の目に止まるためには、そのための施策が必要です。ここでは、YouTubeに投稿した動画を拡散させるための方法について解説します。

動画を拡散する特効薬はない

「YouTube動画を簡単に拡散させる方法があれば」と誰もが思うことでしょう。しかし、そんな特効薬のような方法は、(運の要素を除けば) 残念ながら存在しません。動画を拡散させるもっとも確実な方法は、地道な施策を諦めずに続けることなのです。

コツコツと良質なコンテンツを作成し、ブログやSNSで更新情報を発信し、視聴者にチャンネル登録を促し、複数の動画を視聴したくなるYouTubeチャンネルをデザインする。その作業を長く続けることで、次第にチャンネル登録者や視聴時間が伸びていきます。

特にブログやSNSとの連動は重要で、YouTube内だけでは届かないファン層に情報を届けることができます。ブログやSNSの活用法については割愛しますが、複数の発信手段を持っておくことで、お互いの弱点を補完し、視聴者数／読者数を伸ばすことが可能です。

SNSを利用して拡散する具体的な方法は以下の書籍が参考になります。
「SNSマーケティングのやさしい教科書。改訂新版 Facebook・Twitter・Instagram —つながりでビジネスを加速する最新技術」(MdN)

視聴者との交流をしよう

視聴者とのコミュニケーションは、チャンネルのファンを獲得する方法として極めて有効です。

自分が投稿したコメントに、アーティストやアイドルから返答が来たら嬉しいですよね。芸能人になれとは言いませんが、そのマインドで視聴者と向き合うことが大切です。

YouTubeには投稿動画にコメント欄あります。こちらに投稿されたコメントには積極的に回答をして、視聴者とのコミュニケーションを図るようにしましょう。

　SNSやメールなどで質問や意見が送られてきたら、コメント欄や動画の説明欄で紹介するなども、視聴者との距離を縮めていく方法として有効です。質問や企画の募集を受け付けるのもよいでしょう。

　YouTubeで「質問コーナー」と検索すると、大量の質問コーナー動画が表示されます 01 。誰もが知っている人気YouTuberも、視聴者からの質問を受け付けて、そして回答しているのです。

　実際にいくつか動画を視聴してみて、どのような動画の評価が高いのかを分析し、自身の動画に反映していきましょう。

01　YouTubeで公開されている「質問コーナー」の動画例

他の投稿者とコラボレーションしよう

　とくに個人チャンネルなどで有効な手法としてよく見られるのが、コラボレーションです。自分のテーマに近い内容を取り扱っている動画配信者を探し、互いの動画にゲストとして出演して、それぞれのYouTubeチャンネルの視聴者にPRしていくといった手法は非常に効果的です 02 。

　企業が運営するチャンネルの場合、他とコラボレーションするのは難しいと考える方もいるかもしれません。しかし現在は、SNS上で企業アカウント同士が互いにコミュニケーションを取り合い、様々なコラボレーションを実現しているケースが沢山あります。

　YouTubeに動画を公開している企業は、より多くの人に動画を見てもらいたいと思っているはずです。目的が同じであるのなら、

コラボレーションが実現する可能性も決して低くはないでしょう。

　このような場合、そのテーマのトップクラスの配信者にいきなりアプローチしても、あまり色よい返事はもらえないかもしれません。なぜなら相手側にメリットが少ないからです。

　はじめのうちは同じぐらいのチャンネル登録者数の配信者に打診するとよいでしょう。コツコツとチャンネル登録者を増やし、こちらの影響力が大きくなれば、ワンランク上だと思っていた配信者とのコラボも可能になります。

　依頼する時の礼儀として、しっかりと心を込めてお願いしましょう。そして一度断られたからと言って心が折れてはいけません。動画配信者は星の数ほど存在します。一人に断られても、めげずに他の配信者にアプローチし続ければ、必ず相性のよい配信者と巡り会えます。自社のチャンネル登録者数が増えれば、逆にコラボを依頼される立場になるかもしれません。

　YouTubeクリエイターアカデミーでもコラボレーション動画を推奨しており、手順の解説もおこなっています 03 。こちらも確認しておきましょう。

YouTubeクリエイターアカデミー

YouTubeクリエイターアカデミー（YouTube Creator Academy）は、YouTubeが公開している、YouTubeで動画を公開するための様々な知識や技術が学べる無料動画講座です。

02　YouTubeで公開されている「コラボレーション」の動画例

03　YouTubeクリエイターアカデミーのレッスン「コラボレーション」

https://creatoracademy.youtube.com/page/lesson/collaboration?hl=ja

Chapter 5

SNSで動画を公開しよう

SNSごとに異なるポイントを理解する

section 01 SNSでの動画活用のポイント

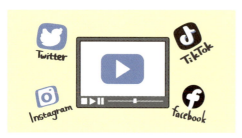

SNSはSocial Networking Service（ソーシャル・ネットワーキング・サービス）の略で、簡単に言えばインターネット上で交流できる場所を提供するサービスです。現在のビジネスには、認知を広めたり、ファンやユーザーと交流するためにも、SNSの活用は欠かせません。ここでは動画をSNSで活用する際のポイントを解説していきます。

SNSにおける動画活用のポイント

　SNSで動画を効果的に活用するには、SNS全般における動画活用のポイントと、各SNSの特性に合わせたポイントの両者を踏まえておく必要があります。各SNSについては次セクション以降で解説していきますので、ここではまずSNS全般のポイントを紹介します。

　SNSで動画を活用する際は、特に意識した方がよいことがあります。テレビ、映画、CMなど、従来の映像（動画）は主にテレビやパソコンの広い画面で落ち着いて視聴するケースが多いはずです。しかしSNSはほとんどの場合、スマートフォンで視聴されます。以下のように、届ける先であるユーザーのライフスタイルを想像した上で動画コンテンツを作成する必要があります。

SNSにアップする動画の仕様についてはP52を参照してください。

■ユーザーはたくさんの情報にさらされている
■時間がない
■音を出せない状況にある場合も多い
■おもしろくないと思ったらすぐに飛ばす

　スマートフォンで自分の動画を見てもらうとことは、ある意味テレビの視聴率争いよりシビアな世界かもしれません。テレビはつまらなかったら机の上のリモコンを取ってチャンネルを変えます。一方、スマートフォンの場合は、わざわざ取りに行かずともすでに手の中にあるので、つまらなかったらそのまま親指でスワ

イプしたり画面を閉じられたりしてしまいます。

　では、具体的に何を意識して動画を作成すればいいのかについて解説していきましょう。

動画のポイントは「イテテの法則」

　スマートフォン時代におけるSNSにおける動画活用のポイントは次の3つです。

- インパクト
- テンポ
- テロップ

　これらの3つの頭文字を取って「イテテの法則」と覚えるのがお勧めです。それぞれの要素について具体的に見ていきます。

インパクト

　現代人は、日々大量の情報を浴びています。そのような人たちに動画を届けようとするのなら、インパクトが必要です。<u>インパクトがない動画は、前述したように親指1つでスマートフォン画面から飛ばされてしまいます。</u>

　特に、動画の冒頭で「おっ！」と思ってもらえるようなインパクトが大切です。投稿するSNSにもよりますが、<u>最初の1〜10秒が勝負になります。</u>ここで「先を見たい！」と思ってもらえるようなインパクトを与える必要があります。

　インパクトの付け方は「映像」からアプローチする方法と「内容」からアプローチする方法があります。

> Twitter、Facebook、Instagramなどでは、投稿した動画がタイムライン上で自動再生されます（設定でオン・オフの切り替えあり）。ただし、スクロールをしていくと再生は自動で停止します。YouTubeなどと比べると、視聴のハードルは下がりますが、一方で離脱のハードルも下がるので、冒頭数秒のインパクトが特に重要となります

「映像」からアプローチする方法

　映像からアプローチする方法では衝撃の映像や絶景など、ひと目見ただけで視覚的に目が奪われるようなインパクトのある画が大切です。映像でインパクトをつけるには以下のような方法があります。

① インパクトのある素材を探す

　インパクトがある動画はまず、動画素材の持っているポテンシャルに左右されます。具体的には、絶景やアクロバティックな人の動きなどです。インパクトのある素材を探したり、考えたりしてみましょう。

② インパクトのあるカメラワーク
　例えば同じ場所でも床すれすれの足下からローアングルで撮影すると迫力のある画になります。ドローンを使って真上からのアングルで狙えれば、これもインパクトのある動画にすることができるでしょう。また、水中で使えるカメラ使った陸から海に飛び込む映像なども迫力があります。

③ インパクトのある編集
　何気ないふつうの映像も編集でインパクトをつけることはできます。編集ソフトなどの機能を使って回転しながら出てくる文字を入れたり、キラキラした光を入れて幻想的な効果を出したり、炎を入れて迫力のある画にしたりすることもできます。
　P74でAdobe Premiere Rushの使い方を解説したように、最近はスマートフォンでもある程度のクオリティの高い編集ができますし、無料で使える編集ソフトも豊富です。動画制作を外注する予算がない場合でも、このような手段を押さえてくと役立つはずです。

> 無料で動画を編集できるソフトの代表例としては、Windows 10付属の「フォト」やMac OS用の「iMovie」などがあります。ほかにもスマートフォンアプリを含めて多様なソフトが存在するので、自分にあったものを探してみましょう。

■ 「内容」でインパクトをつける
　内容でインパクトをつけるには以下の3つの方法があります。

① 最新の情報を入れる
② 世間の常識と逆説的な要素を入れる
③ ビジネスの集客や収益アップに直結する要素を入れる

では1つずつ解説していきましょう。

① 最新の情報を入れる
　まだみなが知らない最新の情報や流行りだしたばかりのことなどは、SNSでも拡散されやすい傾向があります。なので、SNSの動画に最新のトレンドを入れ込むとよいでしょう。専門家の方は自分の業界の最新情報が自然に入ってくるので、情報をわかりやすくキャッチーにまとめて動画で解説してあげるだけでも、価値のある最新情報として拡散されやすくなります。内容でインパクトをつけるメリットは、クオリティの高い映像が必要ないことです。情報の価値のみで勝負できるので、エキスパートとして動画を発信できる場合におすすめの方法です。

> 新製品やサービスの情報も、ユーザーにとっては目新しい情報となります。華やかな発表会や展示会などの動画と合わせれば、テキストや画像だけで伝えるよりもインパクトが生まれるはずです。

② 世間の常識の逆説的な要素
　世間の常識には逆説的でも、信頼できる根拠を備えた新しい考え方や見方はインパクトがあるため拡散されやすくなります。

逆説的とは少し異なりますが、1つの事柄に対して2つの異なる意見があり、立場の違いによって正解がハッキリしないような題材も、議論が起こり拡散されやすくなります。ただし炎上に発展ないようにリスク対策も必要です。

③ ビジネスの集客や収益アップに直結する要素

時代の流れが変わっても、「お金」に関わることは不動の人気コンテンツです。あなたが経験したことや伝えられることで集客や収入につながるようなことがあれば、動画コンテンツ化すると拡散が見込めるはずです。

■ テンポ

SNSの動画で特に意識しておきたいのはテンポです。スマートフォン時代では間延びした動画はすぐに飛ばされてしまいます。動画の展開や話すスピードを速いテンポでつなぎ、動画の中の「間」を極力編集でカットすることで、テンポがよくなり、SNS内でも最後まで見られやすくなります。1番わかりやすいのが人気YouTuberの動画です。彼らは意識して早いスピードで話をして、話す間を極力カットしています。この編集方法をジェットカットと言います。

■ テロップ

最後のポイントはテロップです。ただおもしろい場面を撮影したような動画は別として、SNSで拡散される作り込まれた動画の多くはテロップが入っています。

スマートフォンを見る環境は家の中とは限りません。通勤電車の中、飲食店の中など、音を出せない状況にある場合も多いものです。そのような状況でもテロップがあると「読む動画」として視聴できるので、ユーザーに最後まで見てもらいやすくなります。また話す内容もテロップがあることによって理解がより深まるでしょう。

グローバルな展開を狙うなら、日本語のテロップに加え、英語のテロップも入れると海外の人にも見てもらいやすくなるでしょう。

テロップ入れは地味な作業で、時間も労力もかかります。予算をかけられるのであれば外注することも1つの手です。キーワードや話のポイントを文字で出すだけでも、動画の内容がぐっと伝わりやすくなりますから、ここの手間は惜しまないようにしましょう。

ジェットカット

ビデオブロガーである愛場大介（ジェットダイスケ）氏が提唱した動画編集技法。いわゆる、ジャンプカットのこと。動画で不要な間を細かくカットしてつなぎ、動画にスピード感のあるテンポを与える。

SNSごとに異なるポイントを理解する

section 02 Instagramで動画を投稿&拡散する

写真中心のSNSであるInstagram。国内ユーザー数はFacebookを抜いて3,300万人となっています。Instagramは動画活用と相性がよいSNSでもあります。通常投稿だけではなくストーリーズ、ライブ配信、IGTV、ハイライトなどたくさんの機能が揃っています。認知を広めるだけなくユーザーとの関係性を近づけたり信頼を深める役割も果たしています。

Instagramの活用方法

　InstagramはSNSの中でも1番多くの動画活用法があります。主な活用法は全部で5つです。

① 通常投稿
② ストーリーズ
③ ハイライト
④ ライブ配信
⑤ IGTV

　それぞれ公開方法や効果的な活用法が異なりますので1つずつ解説していきます。

①通常投稿

　まず通常投稿の方法と注意点、投稿の拡散方法について見ていきましょう。

■ 投稿方法

　事前に撮影・編集した動画を用意します。投稿は画面下にあるボタンから投稿します 01 。

Instagramは写真も動画も正方形の投稿が基本です。そのため、元の動画が横長や縦長の場合は、そのまま投稿すると左右または上下が見切れます。16：9の動画であれば、40%強の見切れが発生してしまうことになります。

元の動画が横長または縦長の場合は、投稿画面の左下にある「⬜」のマークをタップすると、元動画の縦横比を保った状態で投稿できます 02 。

ただし、アカウントページのギャラリーで見た場合は、縦横比を保った動画でも正方形にトリミングされてしまいます。SNS運用をInstagramメインで行うのであれば、撮影時に正方形で動画を撮影することも検討するとよいでしょう 03 。

01 Instagramの投稿画面

02 元動画の比率のまま投稿

03 ギャラリーでは常に正方形で表示される

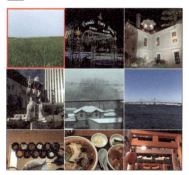

131

■ 投稿の拡散方法

Instagramで拡散する時のポイントは以下の3つです。

- 価値の提供
- ハッシュタグ
- 投稿枚数の使い分け

□ 価値の提供

インスタ映えするだけではフォロワーは増えません。有名人でもない限り「いいね」も多くつきません。では、私たち一般人はどのような投稿をしたらよいでしょうか？

それは「情報としての価値」を付加して投稿することです。そして、その価値に共感した人が多ければ、投稿を拡散してもらえるようになります。そうなれば、たとえフォロワーが数百人であっても1万人以上の人に見てもらえるようになるのです。

例えば、あなたが地域情報を発信したいとします。地域の魅力的なスポットを動画で撮影して投稿したとしても、動画クリエイターのプロでもない限りクオリティの高い動画を作ることは極めて難しいでしょう。しかし「〇〇町のおすすめ観光スポット7選」のような「情報としての価値」に重きを置いた投稿であれば、スマートフォンで撮影して簡単に編集した動画であっても拡散され、フォロワーを増やすことが可能なのです。

自分の投稿が情報として価値があったかどうかを調べることもできます。Instagram内の分析ツールのインサイトの「保存」数を目安にするといいでしょう。なお、Instagramのインサイトは投稿画像の下にある「インサイトを見る」で確認できます **04**。

拡散される投稿テーマの選び方

動画が拡散されるためには、価値のある投稿に加えて「多くの人にとって自分ごと」になるテーマ選びもポイントです。後ほど紹介する「よりあいファーム＊kaede」さんや堤ゆかりさんは提供している商品やサービス自体はニッチですが、投稿内容を見ると多くの人にとって自分ごとになるテーマを選んでいるので、拡散されてフォローが増えています。

04 インサイトページへの行き方

「インサイトを見る」をタップするとインサイトページが表示される

ここをタップすると投稿を保存できる

■ Instagramインサイトの見方

では、インサイトの見方について説明しましょう。05 は、同時期の2つの投稿のインサイトです。左の画像は保存数が「7」と少なく、結果7,998人にしか届いていません。一方、右の画像は保存数が「10,300」と多く、1投稿で47万人の人へ届けることができています。

保存するとユーザーはその投稿はいつでも見ることができます。保存ボタンを押すという行為はなかなかしないはずです。保存されるということは保存したくなるほど価値のある投稿だったと捉えてよいでしょう。保存目標は最初は少なくてよく、10→100→1,000→10,000と徐々に上げていきましょう。

保存数が多いと少ないフォロワーでも拡散され、フォロワーが1日で何十人、何百人と増えていきます。筆者も1日最大フォロワーが900人増えたことがあります。

なお、Instagramのインサイトはビジネスアカウントにアップグレードすると利用できるようになります。Instagramのビジネスアカウントは無料でアップグレードできますので必ずしておきましょう。

Instagramをビジネスアカウントにするには？

InstagramのビジネスアカウントにはFacebookページが必要になります。Facebookページとは、個人名のアカウントではないページで下記のURLから作成できます。ビジネスアカウントにアップグレードすると、フォロワーの年代、性別、地域、見られる時間帯などのデータが確認できるようになります。Instagramを育てたい方はビジネスアカウントへのアップグレードは必須です。

Facebook「ページを作成」
https://www.facebook.com/pages/creation/

05 Instagramインサイトの画面

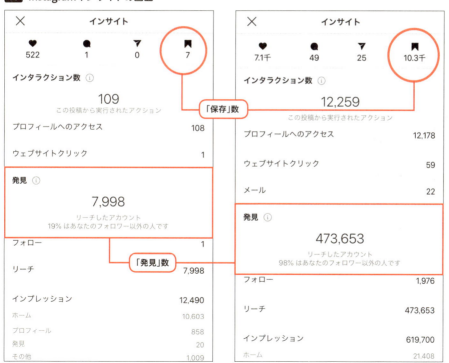

■ ハッシュタグ

　Instagramはハッシュタグで情報を探しているユーザーが多いので、ハッシュタグの役割はとても重要です。ハッシュタグ検索をすると人気投稿と最新投稿の2つの表示があります。06 で「トップ」をタップすると人気投稿が、「最近」をタップすると最新の投稿が投稿順に並んで表示されます。

　「トップ」に載ると多くの人の目に触れるので拡散範囲が広がります。そして、人気投稿に載せるには効果的なハッシュタグをつける必要があります。

　では効果的なハッシュタグはどうやってつけたらいいでしょうか？

　タグのつけ方は2つあります。1つ目は自分と同じジャンル、もしくは近いジャンルの人気アカウントを10〜30ピックアップして参考にする方法です。人気アカウントは、単にフォロワーが多いアカウントよりも、フォロー数や投稿数が多くないのにフォロワー数が多いアカウントを選ぶとよいでしょう 07 。

投稿には、人気アカウントがつけているハッシュタグを参考に29個のタグをつけて投稿しましょう。なぜ29個かというとタグを31個つけると投稿した本文やタグが全部消えてしまうからです。「29個」と覚えておけば、数え間違いをしても31個以上になりにくくなります。もしくは投稿前に本文やタグをコピーしておく方法もよいです。

06 人気投稿と最新投稿

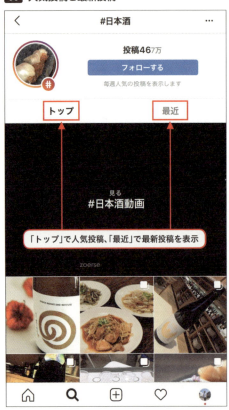

「トップ」で人気投稿、「最近」で最新投稿を表示

07 堤ゆかりさんのアカウントさん

「内向型」というニッチな発信で一万人以上のフォロワーを獲得。

2つ目は、投稿数で3つくらいのグループに分けてハッシュタグをピックアップする方法です。例えば、投稿数が「1,000〜1万のグループ」「1万〜10万のグループ」「10万〜20万のグループ」のように分類して、それぞれのハッシュタグを参考にします。

　投稿数が多いタグで人気投稿に載ればフォロワー数も伸びやすくなります。ただし、人気投稿に載る難易度は非常に高く、自分のフォロワー数やジャンルによっても難易度は変わってきます。何度か投稿してみて、自分のアカウントにあったものを探しましょう。

　とはいえ、必ずしも投稿数の多いタグや、フォロワー数だけが大事とは限りません。投稿数が少なくても自分の活動に深く関係するワードや欲求に直結したタグを選んだ方が、高い効果が得られることもあります。欲求に直結したワードの典型的な例は「やせたい」などの願望が入っているワードです。

□ 投稿枚数の使い分け

　Instagramでは、複数枚の写真や動画をまとめて投稿できます。しかしInstagramの検索画面やハッシュタグで人気投稿の1番上に出る動画は1枚目の投稿動画になっています。検索画面や人気投稿に表示させることが目的の場合は1枚目を重視しましょう。例えば1枚目をインパクトのあるテキストや写真にしてタップを促し、2枚目以降で動画を入れてユーザーの満足度を上げると、結果として滞在時間が長くなり、Instagramからよい投稿と見なされ拡散していくケースもあります。

②ストーリーズ

　Instagramの ストーリーズは24時間で消える投稿です。最近では通常投稿はせずにストーリーズだけに投稿したり、ストーリーズ中心で見るユーザーが増えてきており、ストーリーズの重要性は以前より高くなっています。

　ストーリーズは、撮影した写真や動画を簡単にアップできる上、スタンプやフィルターなどで加工することも可能です。

　自分のタイムライン上にはフォローしていてストーリーズを投稿したアカウントが表示されるので、自分のアカウントに見に来てもらいやすくなります 08 。ストーリーズに投稿することはユーザーとの交流にとても重要な役割を果たしてくれます。

08 ストーリーズの投稿アカウント

ストーリーズを投稿したアカウントが表示される

■ ストーリーズの投稿方法

　ストーリーズは画面の左上にある自分の写真をタップして表示される投稿画面から投稿します 09 。

　投稿画面の下部にあるボタンを長押しすると、押している間は動画が録画されます 10 。録画が完了したら左下にある「ストーリーズ」をタップすると投稿が完了します。なお、ストーリーズの中にも文字、ハッシュタグ、メンションなどを含めることができます 11 。また、ライブラリにあるスタンプをつけることも可能です 12 。

09 ストーリーズの投稿方法

❶ 画面左上にあるアイコンをタップして投稿画面を表示

10 動画の撮影方法

❷ 長押しで撮影が開始する、指を離すと撮影が終了する

❸ ここからスマートフォンに保存されている動画を投稿可能

11 ストーリーズの投稿画面

4 ストーリーズの中にも文字、ハッシュタグ、メンションを含めることが可能

5 「ストーリーズ」をタップすると投稿が完了する

12 ストーリーズのスタンプ画面

ストーリーズの撮影後に画面中央付近を下から上にスワイプすると表示される。

■ ストーリーズの効果的な使い方

　ストーリーズで大切なポイントは「遊び心」です。ブーメラン機能 **13** 等を使うと見ていて楽しい動画になります。最近ではストーリーをオシャレに加工するアカウントも増えてきています **14** 。

13 ブーメラン機能

下に表示されている機能名で「BOOMERANG」を選択してから中央のボタンを押して撮影

ブーメラン機能

数秒の動画がブーメランのように繰り返されるエフェクトのこと。

137

14 ストーリーがオシャレでファンも多い大森藍香さんのアカウント

　また、質問やアンケート機能を使ってユーザーが参加できるようにしたり、フォロワーの質問に直接答えてコミュニケーションを取ったりすると、関係性が深まって自分の活動を応援してくれるようになり、購入等に繋がるのでお勧めです **15**。

　アンケート機能でコミュニケーションをとり、お客様の声として利用すれば、効果的な販売促進施策にもなります。なお、アンケート機能は **12** にあるスタンプから「アンケート」を選択すると利用できます **16**。

15 「よりあいファーム＊kaede」さんのアカウント　　**16** ストーリーにアンケートを追加

ストーリーの機能を活用してコミュニケーションを深めている

③ハイライト

　自分のアカウントの下に表示されているアイコンをハイライトと言います **17** 。ハイライトは過去のストーリーをジャンルごとにまとめてコンテンツにしたり、告知を常に見える位置に配置しておくことができます。

17 ハイライト

■ ハイライトの作成方法

　ハイライトを作成するときは画面中央の+の印のところをタップします。すると過去のストーリーの一覧が出てくるので、好きなストーリーをいくつか選んでタイトルをつければ完成です **18** 。

18 ハイライトの作成方法

■ ハイライトの効果的な使い方

　ハイライトを動くブログのようなイメージでコンテンツとしてまとめておくと、申し込み等に繋がりやすくなります。ハイライトを活用するために、ストーリーズをまとめて投稿している方もいます。おすすめのアカウントは留学エージェントである小野里寛子さんのアカウントです 19 。

　留学という比較的高額なサービスですが、毎日インスタ経由で5件前後の問い合わせがあり、多くの方がハイライトを隅から隅まで見て問い合わせをしてきているとのことです。

　ハイライトに力を入れているアカウントはまだ少ないようです。今のうちにハイライトに力を入れると、注目を集めやすくなるでしょう。

19 小野里寛子さんのアカウント

ライブ配信

　リアルタイムにフォロワーと交流ができる機能としてライブ配信があります。Instagramはライブ配信での反応もよく、多数のSNSを駆使している人もライブ配信にはInstagramを使用している人が多いようです。

■ ライブ配信のやり方

　ライブ配信をする方法は簡単です。ストーリーの画面で下部にある項目を左にスワイプして、「ライブ配信を開始」をタップするだけです 20 。

20 ライブ配信の開始方法

■ ライブ配信の活用術

ライブ配信を行う上で効果的な方法がいくつかあります。ここでは3つほど紹介しましょう。

① コメント固定

ライブ配信は後から見る人もいます。途中から入ってきた人は何のテーマかわかりにくいので離脱しがちになります。Instagramのライブ配信には、最初にコメントをして固定するという機能があります。コメントで当日のテーマなどを固定しておくと、後から見に来た人でもテーマがわかりやすくなります。

② コラボ配信

ライブ配信にはコラボ機能があります。これは他のアカウントのユーザーがライブ配信に参加できる機能です。他のアカウントとコラボすることを事前に互いのアカウントで告知すれば、通常のライブ配信よりも多くの人に視聴してもらえたり、新たなファンが獲得できたりします。その他にライブ配信中にフォロワーさんに入ってきてもらって交流する方法もあります。

③ 時間固定配信

　ライブ配信は毎日何時にやると決めて配信すると、固定の濃いファンを獲得できるので有効です。フォロワーの生活サイクルにあなたのライブ配信が組み込まれるのがベストです。

④ 販売予告

　ライブ配信で販売する商品を紹介し、●月●日の何時から一般投稿で販売開始しますという告知をして、毎回即売り切れにしているアカウントがあります。「多肉植物」のアカウントがこのような方法を効果的に活用しているようです。「#多肉植物」などで検索すると見つかるので、チェックしてみてください。

IGTVを利用しよう

　IGTVはわかりやすく言うとInstagram版YouTubeです。IGTVではInstagramでも長時間の動画を配信できるので、1分以上の長い尺のコンテンツを投稿するのに向いています。IGTVの特徴は縦型動画です。縦型動画はスマートフォンの画面いっぱいに動画が映るので、迫力のある動画が見られます。画面に他に映るものがないので結果的に動画の離脱率も下がります。

■ IGTVの投稿方法

　IGTVは専用のアプリもありますがInstagramのアプリだけでも投稿できます。左下にある検索マークをタップすると検索画面が表示されます **21**。上部に「IGTV」のマークが表示されるので、タップするとIGTV画面に変わります **22**。ここで右上の「＋」マークをタップして表示される選択画面から動画を選び、タイトルと説明を入力すれば投稿できます **23**。

　IGTVで投稿できる動画の時間は以下になります。

- モバイルデバイスからアップロードする場合は15分まで
- Webからアップロードする場合は60分まで

IGTVは音楽関連のアカウントではよく使われています。その他のジャンルではまだ効果的に活用できているアカウントが少ないのが現状です。

21 検索画面

22 IGTV動画選択画面

23 IGTV動画投稿画面

SNSごとに異なるポイントを理解する

section 03 Twitterで動画を投稿&拡散する

Twitterは140文字でつぶやくテキスト中心のSNSです。国内での人気が高く、月間アクティブユーザー数は4,500万人。リツイート機能により各SNSの中でも特に拡散性があります。幅広い年代層が使っていますが、若者が特に多く使っています。テキスト中心のSNSではありますが、ユーザー数が多いので、動画の効果も高くなります。

Twitter動画の公開方法

Twitterでの動画活用は次の2つです。

① 動画をアップロードして投稿
② ライブ配信

まず、それぞれの投稿方法を見ていきましょう。

①動画のアップロードの方法

　Twitterで動画をアップするときは、ツイート投稿画面の左下の画像マークをタップして、動画ファイルを選びます。なお、カメラマークをタップすれば、その場で撮影して投稿できます **01** 。Twitterで投稿できる動画はファイルサイズが最大で512MB、長さは2分20秒以内とされています。投稿した動画は、左下に総再生回数が表示されます。Twitterに投稿できる動画のスペックは次のようになります。

- 最小解像度: 32 x 32
- 最大解像度: 1920 x 1200 （および1200 x 1900）
- 縦横比: 1:2.39〜2.39:1の範囲(両方の値を含む)
- 最大フレームレート: 40fps
- 最大ビットレート:25Mbps

Twitterの投稿にYouTubeなどの動画リンクを貼る方法もあります。ただこの方法では、ユーザーがリンクをクリックしないと再生されません。一方、動画を投稿した場合は、タイムライン上で自動再生されるので、より高い効果が期待できます。

01 Twitterの動画投稿

■ **②ライブ配信の方法**

　Twitterでもライブ配信ができます。方法は動画の投稿と同様に、ツイート投稿画面でカメラマークをタップします。下部を左にスワイプするとライブ配信ができるようになります **02**。

　TwitterもInstagramと同様に、視聴者がライブ配信中に参加リクエストを送信して承認されれば、ゲスト参加を受け付けることができます。また、視聴者がライブ配信にコメントを付けたり、ハートを送ったりすることもできます。

02 Twitterのライブ配信

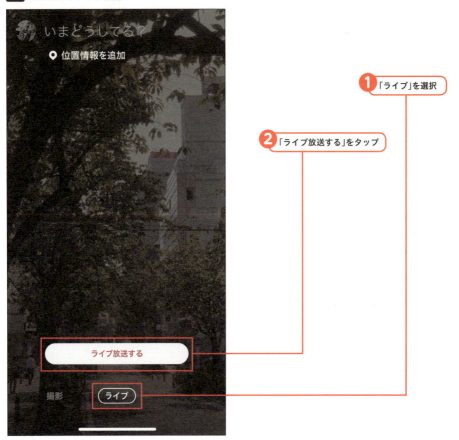

Twitterでの動画拡散方法

　Twitterではインパクトのある動画やおもしろい動画など、エンターテインメント系の動画が拡散されやすい傾向があります。思わず紹介したくなる、リツイートしたくなるような動画を心がけましょう。具体的には以下のようなものです。

- 単純に笑えるおもしろい動画
- あるある系のおもしろい動画
- タメになる動画
- 話の組み立て方や動画の編集でおもしろくしている動画

　ではTwitterの動画投稿で参考になるアカウントを紹介しましょう。

■ 動画を活用している参考アカウント

□ せやろがいおじさん（@emorikousuke）

フォロワー数20万人超の人気アカウントです。みなさんの中にも見たことがある人も多いことでしょう。きれいな自然の中で社会問題に独自の見解で切り込んでいく動画をアップしています。テロップも入っていて理解しやすく、マジメな話だけどクスっと笑ってしてしまう動画も多いです。ドローンを使った迫力のある映像にも注目です。

□ タカオミさん（@takamin_）

動画クリエイターのタカオミさんのアカウントです **03**。オンラインサロン「箕輪編集室」での動画制作をきっかけにNewsPicks、ZOZO、ハフポスト、インフルエンサーなどの動画制作を手がけて人気動画クリエイターになりました。テンポ感のある洗練された動画をTwitterでアップして、多くの人に拡散されています。

□ フォロー＆リツイートで○○をプレゼント！

キャンペーン動画系のツイートも拡散されやすいようです。最近では、「プレゼントする側がお金を支払うから相談に乗ります！」などフォロワーのメリットしかないような投稿で拡散されるツイートも増えています。「プレゼント」「キャンペーン」などで検索すると様々な事例が出てくるので参考にしてください **04**。

03 タカオミさん（@takamin_）のアカウント

04 JRAのエンタメサイト「Umabi（@Umabi_official）」のキャンペーン用投稿動画

Twitterでも動画は効果的

Twitterはテキストがメインの SNS になるので、全体的に動画を活用しているアカウントが他のSNSに比べると少ないです。ただ、動画投稿は拡散される数が少なかったとしても、データを分析するとエンゲージメント（ユーザーの反応）が高くなる傾向があります。

アカウントのジャンルにもよりますが、Twitterは拡散性のあるSNSですので、テキストと動画を併用して活用していくことをおすすめします。

SNSごとに異なるポイントを理解する

section 04 TikTokで動画を投稿&拡散する

TikTokは2016年にリリースされた中国発の動画専用SNSです。日本では2017年8月に登場。2019年6月現在、国内ユーザー950万人と急速にユーザー数を伸ばしています。2018年第1四半期にApp Storeで世界一のダウンロード数を記録しました。15秒の短い動画を投稿するスタイルで、10代〜20代を中心に人気のSNSです。

手軽に動画を編集して投稿ができるTikTok

　動画SNSであるTikTokはスマートフォン専用アプリで利用します。すべてがスマートフォン上で完結できるように設計されており、高性能なカメラを持っていなくても、高機能な編集ソフトがなくても、エフェクト機能を使ったインパクトのある動画を気軽に編集して投稿できるのが魅力です。他のSNSの動画投稿との大きな違いは、アプリから音楽を動画に載せることができる点です。拡散の方法も他のSNSと違い独特なので、それらについて見ていきましょう。

TikTokのアプリがなくても、投稿に付与されるURLにアクセスすれば、ブラウザから動画を視聴することができます（投稿は不可）。

TikTokで動画を投稿する

　TikTokで動画を投稿するときは、あらかじめ撮影していた動画を投稿する方法とアプリでその場で撮影して投稿する方法があり、それぞれにメリットとデメリットがあります。

　あらかじめ撮影していた動画を投稿するメリットは、専用の編集ソフトなどを利用して思い通りに編集した動画をアップできる点です。TikTokのアプリ内にもテロップ挿入機能やエフェクト機能（動画効果などの編集機能）はありますが、機能には限界があります。パソコンで専用の編集ソフトを利用すれば、より質の高い動画を投稿することができます。ただし、手間と時間（とコスト）がかかるというデメリットがあります。

一方、アプリで撮影して投稿する場合、アプリ内の編集機能を使って編集をします。TikTokのアプリ内で完結するので手軽に動画を編集できます。操作に慣れれば、スマートフォンやパソコンの操作が苦手な人でも使いこなすことができるようになるでしょう。デメリットはアプリ内にある機能やエフェクトしか使えない点です。

　では、それぞれの動画を投稿する手順について簡単に紹介しましょう。

1 撮影済みの動画を投稿する方法

　撮影済みの動画を投稿するときは、ホーム画面の中央下にある「＋」ボタンから行います。

1. 「＋」をタップしてカメラにアクセス
2. 「アップロード」をタップ

動画の選択後に表示される画面では、動画の再生スピードや縦横が変更できます。続いて表示される画面では、BGMになる楽曲を選択したりエフェクトやテロップを付けたりできます。撮影・編集済みの動画の場合は、ここで大きな編集を行うことはないでしょう。

TikTokでは手軽に再生スピードを変更できるのも魅力です。複数の動画を組み合わせる際、動画ごとに標準→倍速→スローと再生速度を変えることもできます。ドラマチックなシーンをスロー再生したり、冗長なシーンは早回しで見せたりするなど、ユーザーを飽きさせない工夫をするとよいでしょう。

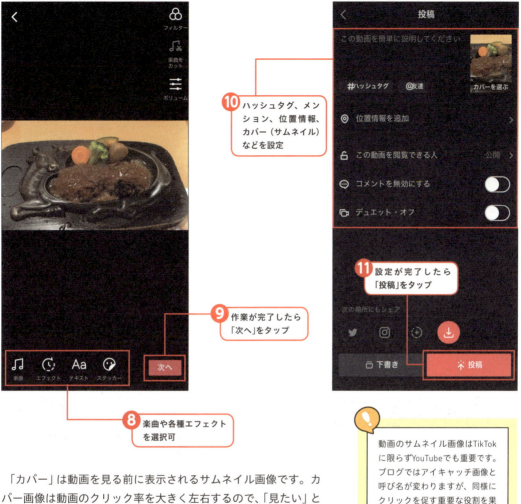

「カバー」は動画を見る前に表示されるサムネイル画像です。カバー画像は動画のクリック率を大きく左右するので、「見たい」と思わせる画像にしましょう。

2 アプリで動画撮影して投稿する方法

　アプリ内で動画を撮影して投稿する場合の手順も、基本的には撮影済み動画の投稿方法と変わりません。撮影と編集の作業はアプリ上で行います。

　TikTokでは撮影の操作は2通りあります。ボタンをタップして撮影を開始し、もう一度タップして撮影を終了する場合と、長押しして撮影を開始し、ボタンから指を離して撮影を終了する場合です。

　一度撮影を終了してもすぐに編集画面には遷移せず、撮影を再開して続きを撮影することもできます。

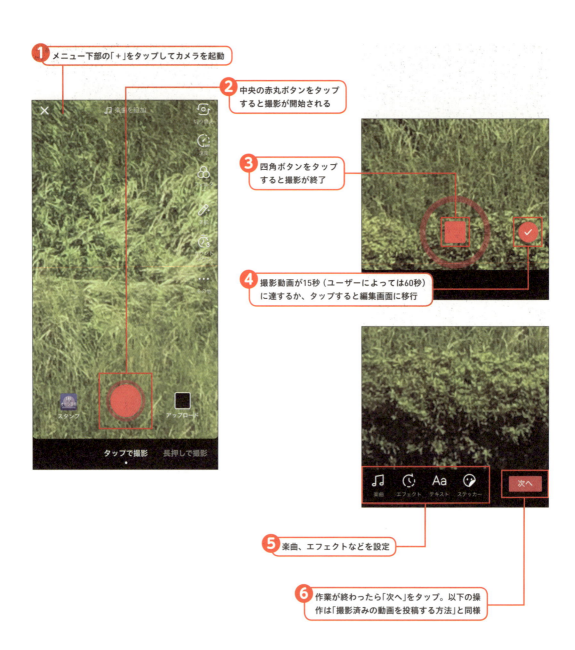

TikTokでは、先に音楽を決めてから楽曲に合わせて動画を撮影するケースもよくあります。その場合、カメラ画面の上部にある「楽曲を追加」01 をタップして楽曲を選んでから撮影してください。

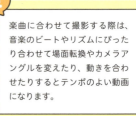

楽曲に合わせて撮影する際は、音楽のビートやリズムにぴったり合わせて場面転換やカメラアングルを変えたり、動きを合わせたりするとテンポのよい動画になります。

01 最初に楽曲を選択する

 楽曲を選んだだけの状態では、音楽は流れません。撮影を開始すると、同時に楽曲の再生も開始されます。

「楽曲を追加」をタップして、好きな楽曲を選んでから撮影

■ 各機能について

TikTokには、様々なエフェクト機能が搭載されています。代表的なエフェクトを以下で紹介します。それぞれの機能はカメラ画面、もしくは編集画面で選択できます。

□ 速度

再生スピードを早回しやスローに設定して撮影することができます。カメラ画面と編集画面から選択できます。

□ フィルタ

好みの色味にアレンジできます。カメラ画面と編集画面から選択できます。

□ 美肌

目を大きくしたり、リップやチークを入れるなど、表情を加工して撮影できます。手軽にかわいく盛れる機能です。カメラ画面から選択できます。

 本書に掲載している情報は2019年9月現在のものです。とくにTikTokはサービスが公開されてから日が浅く、機能追加などが頻繁に行われています。読者のみなさんが実際に使用する際には、新たなエフェクトが加わっていたり、仕様が変わっていたり、画面構成などが変更されている可能性がある点にご注意ください。

☐ **カウントダウン**

撮影終了までのカウントダウンを入れます。カメラ画面から選択できます。

TikTokで動画を拡散するポイント

TikTokは他のSNSと異なり、拡散される独自のパターンがあります。以下で、代表的なパターンを8つ紹介します。

■ ①2秒以内に場面転換

15秒の短尺動画であるTikTokは、他のSNSに比べて速いテンポ感で場面転換するとよいでしょう。具体的には2秒、0.5秒、0.5秒といったパターンなどです。

■ ②動画にツッコミどころを入れる

TikTokでバズが起きる仕組みとして、動画にコメントがたくさん入るとバズるというものがあります。あえてツッコミどころを入れた動画を投稿し、ユーザーがツッコミコメントや間違いの指摘を気軽に入れられる状態にしておくと、コミュニケーションが生まれてバズりやすくなるでしょう。

■ ③本文の書き方を工夫する

ツッコミどころを入れるケースと考え方が似ていますが、TikTokではコメントが入りやすい、もしくは最後まで見たくなるような本文の書き方があります。

例えば、「○○と思った人は♡（いいね）と押して！」と本文に書いて♡を押してもらうことを促した結果バズったケースがあります。○○の部分は「面白い」でもいいかもしれませんが、例えば「くだらない（笑）」や「ヤバイ」などのように工夫すれば、コミュニケーションが広がるでしょう。

> リアルな間違いに対するツッコミに本気で反論すると、バズるどころか炎上につながることもあります。ユーザーのツッコミにはおおらかな気持ちで対応しましょう。

■ ④予想を裏切るオチを入れる

TikTokでは予想外のオチによってバズが起きるケースもよく見られます。

通常、ユーザーは「おそらくこうなるだろう」という結果を予想しながら動画を見ます。その予想を裏切ることでツッコミが入り、コメント欄が盛り上がることでバズに繋がります。

■ ⑤切り取り方を若者の興味に合わせる

他のSNSも併用して使っている場合、動画をTikTokにそのまま流用しても反応が取れないことがよくあります。しかし、同じ

テーマでもTikTokのユーザーの興味に合わせて切り取り方を少し変えることで、反応率の高い動画を作成できます。

例えば、恋のネタは人気があります。トーク動画や風景動画、お役立ち系動画であっても恋ネタに絡めて動画や本文を作成すると、バズりやすくなるでしょう。TikTokのユーザーは10〜20代の若者が中心です。バズらせるためには、その世代の興味に合わせた投稿にする必要があります。

■ ⑥バズを起こす音楽とハッシュタグの選び方

TikTokで使うハッシュタグや楽曲は人気のものや流行っているものを使うと反応率が上がります。

流行っているハッシュタグはホーム画面下部のメニューから「トレンド」を見ると、上から順番にいま流行っているタグが確認できるので参考にしましょう。

楽曲の流行については、投稿画面で楽曲を選択する際に「トレンド」タブが表示されるので、そこから「人気急上昇」や「ホット」を確認して選ぶとよいでしょう 02 。タイムラインで楽曲のアイコンをタップすると、同じ楽曲を使った投稿が一覧表示されることから、楽曲の選び方次第でリーチ数やユーザーの反応も大きく変わる可能性があります 03 。

「楽曲を追加」にアップされている楽曲は包括契約などが結ばれており、そのまま利用しても著作権上の問題はありません。

02 TikTok「楽曲を追加」

03 ハッシュタグと楽曲アイコン

⑦お役立ち系投稿は人気になりやすい

　TikTokはおもしろ動画やダンス動画などのイメージが強いかもしれません。このような動画はインパクトがあるのでユーザーの心をつかみやすいものです。しかしインパクトや場面転換がなくても人気アカウントになる方法があります。それは「お役立ち系」のアカウントです。このジャンルは、今後YouTubeのようにビジネス利用のユーザーが増えると伸びると期待されています。

　お役立ち系動画は、例えば下記のようなものがあります。

■ 語学の勉強アカウント
■ 料理動画
■ 自己啓発系
■ お金の教育系
■ パーソナルトレーニング

　これらのジャンルは特に場面転換やインパクトがあるわけではありません。しかし、ユーザーにとって役立つ投稿として拡散され、確実にファンが増えていっています。

　なお、お役立ち系の動画は情報をしっかり伝えるため、テロップを入れるとよいでしょう。人気アカウントを 04 05 で紹介します。

04 ちかちゃんの英会話レッスン

ワンポイント英会話で人気アカウント

05 GOHANオトコノゴハン

TikTok総選挙2018グルメ部門優秀賞受賞 企業アカウント

■ ⑧厳選クリエイターになって3つのメリットをゲット

　フォロワー（TikTokではファン）が増えてくると厳選クリエイターに選ばれることがあります。厳選クリエイターになると「アルゴリズムで優遇される」、「運営側からの情報提供」、「新機能の先行利用」という3つのメリットが得られます。ぜひ厳選クリエイターになれるようにアカウントを育てていきましょう。

　厳選クリエイターの条件は非公開ですが、フォロワーが伸びているアカウントやTikTokが力を入れたいジャンルのアカウントが選ばれています。

Column

スマートフォンで手軽に編集できるアプリ

　P74でもPremiere Rushを紹介していますが、無料スタータープランは回数制限があるため、気軽に使いにくいかもしれません。ここではスマートフォンで使えるその他のお勧めアプリを紹介します。

　1つ目は「QUIK」です **01**。数秒単位の動画素材を撮っておけば、このアプリで繋ぐだけでオシャレな動画ができます。無料で使えて、動画からアプリ名を外すこともできます。

　2つ目は「VLLO」です **02**。凝った編集をしたい人向けのアプリで、テロップ入れや効果音／BGM挿入、早回し再生、合成までこのアプリ1つで完結します。機能制限はあるものの、無料版もあります。TikTokだけでなく他のSNSの動画にもお勧めです。

　TikTokの編集機能では物足りない方は試してみるとよいでしょう。筆者が「QUIK」と「VLLO」で作成した動画もアップしているので、興味がある方は参考にしてみてください。

QUIK
https://www.instagram.com/tv/BkWW-P_g9hV/
VLLO
https://www.youtube.com/watch?v=jzp0INJlxP4

01 QUIK

02 VLLO

SNSごとに異なるポイントを理解する

section
05

Facebookで動画を投稿&拡散する

Facebookは世界で23億人以上の人が利用しているSNSの一大プラットフォームです。日本ではユーザーの年齢層が高めで、ビジネスで活用している人が多いのが特徴です。世界的には伸びていますが、日本国内の利用者は減少し始めています。Instagramで人気のストーリーズ機能も実装され徐々にリーチするようになってきています。

Facebookにおける動画の活用方法

Facebookの動画活用方法は以下の3つが挙げられます。

- 通常投稿
- ストーリーズ
- ライブ配信

同じくFacebook社が運営するInstagramと似たところもありますが、Facebook独特のポイントもありますので1つずつ見ていきましょう。

動画投稿の方法

Facebookでは通常の投稿画面から動画を投稿できます 01 。Facebookに動画を投稿する場合、YouTubeに動画をアップロードしてリンクを貼るという方法もありますが、動画を直接アップロードするほうがよいでしょう。その理由は以下です。

- リンクよりも多くの人にリーチする
- 自動再生で見てもらいやすい

Facebookは知らない人に多く拡散されるというよりも、つながりがある人に見られるという傾向が強いSNSです。

FacebookのアルゴリズムではYouTubeやブログなどの外部のリンクより、Facebook内で完結する投稿の方が多くの人に届く仕組みになっています。またリンクの場合はクリックしないと動画は再生されませんが、Facebookに直接アップロードした場合はタイムライン上で自動的に再生されるため、そのまま見てもらいやすくなります。

01　Facebookの動画投稿

ストーリーズ

　FacebookのストーリーズはInstagramと同じ機能です。投稿方法もInstagramのストーリーズとほぼ同様の手順です 02 。

02　Facebookストーリーズ投稿方法

Facebookページをスマートフォンで表示した場合

Instagramと連携する

　FacebookとInstagramを連携すると、Instagramに投稿したストーリーズがFacebookにも自動投稿されるようになります。FacebookとInstagramの連携方法は 03 のようになります。

03 FacebookとInstagramの連携方法

① Instagramアプリの右上にあるハンバーガーメニューをタップ

② 「設定」をタップ

③ 「プライバシー設定」をタップ

④ 「ストーリーズ」をタップ

ストーリーズのシェアの範囲

ストーリーズは気軽に投稿できる分、親しい人だけにしか見られたくないとか、仕事関係の人には見られたくないという場合もあります。FacebookもInstagramもそれぞれストーリーズを見られる範囲を設定できます。投稿ごとに見られる範囲を制限することもできますので、気になる方は制限機能も活用するとよいでしょう。

ライブ配信

　ライブ配信のやり方もシンプルです。ライブ動画のボタンを押すだけです 04 。

　Facebookのライブ動画にはテロップを入れる機能がないため、上級者はOBS Studioという無料のライブ配信ソフトと組み合わせてテロップを入れています。テロップを入れれば、途中からライブを見はじめた人でもいま何の話をしているかわかります。

ライブ配信活用方法

最近はオンラインサロンという月額制のコミュニティを運営する人が増えてきています。オンラインサロンのほとんどがFacebookグループを活用して運営しています。オンラインサロンの参加者へのメリットとして、ライブ配信を使って他では聞けない情報を配信したり、ライブ配信をしながらオンラインサロンの参加者からの質問に答えるといった形で有効活用している方もいます。

04 Facebookのライブ動画配信方法

161

SNSでもっとも怖いこと

section 06

炎上には万全の注意を払おう

SNSを活用するなかで、動画の公開・拡散手段と同じくらい重要で注意を払わなければならないのが「炎上」です。たった1つの炎上で、アカウント削除や発信休止を余儀なくされるなど、事業的にも精神的も大きなダメージを被る可能性があります。炎上のメカニズムと対策を押さえ、SNSで楽しく情報発信を継続していきましょう。

炎上のダメージは計り知れない

　炎上とはネット上で非難、批判、誹謗中傷が多数寄せられる状態のことを指します。炎上は配慮に欠けた軽はずみな発言や、拡散されることばかりに意識が向いてしまい、モラルやコンプライアンスを無視した投稿を発端に起こります。

　現在では多くの人がスマートフォンを持つようになり、SNSを見るのも投稿するのも手軽になりました。特にTwitterは匿名性が高く、リツイートによって簡単に拡散できてしまうので、炎上のスピードは驚くほどに速く、気づいた時には収拾がつかない状態に陥ることも少なくはありません。

　匿名であっても、それまでのツイートなどから個人が特定され、勤め先や家族にまで誹謗中傷の矢が広がったり、時には生命の危険を感じるような事態にまで発展する可能性もあります。そして何より、炎上した人自身が大きく傷つき消耗してしまいます。結果、仕事だけではなく日常生活にまで支障をきたすようになったり、SNSの利用に恐怖を抱くようになり、情報を発信することができなくなったりします。

　信頼を積み重ねるのは時間がかかりますが、信頼を失うのは一瞬です。たった1度の過ちが人生を大きく変えてしまう可能性もあります。そうならないために、炎上しないためにはどうすればいいか。そして、万が一炎上してしまった場合はどうすればいいかについて解説していきます。

一方で、最近では誤解や勘違いから炎上に発展するケースも増えてきています。その場合、誤解や勘違いであることを公言し、それでも収まらない場合は警察や弁護士に相談すべきです。

炎上はなぜ起こるのか？

炎上が起きる原因は大きく分けると以下の5つになります。

① 社会のモラルに反した投稿
② 不祥事
③ 不祥事を起こした後の対応
④ デリケートな内容の投稿
⑤ 立場の異なる意見がある話題

では、それぞれ詳しく見ていきましょう。

> テキストや画像の投稿と比べると、動画が与えるわかりやすさとインパクトは絶大です。
> SNSで動画を投稿する際は、この5項目に当てはまる動画ではないことをしっかりと確認するようにしましょう。

①社会のモラルに反した投稿

なぜ社会のモラルに反した投稿が起きてしまうのか。それはSNSが普及したからこそと言えるでしょう。

ネット上で「注目を浴びたい！」という気持ちから、モラルに反した投稿をして炎上してしまう人がいます。具体的には「いいね！」が欲しい、バズりたい、有名になりたい、フォロワーを増やしたいなどが要因です。

その結果、例えば立ち入り禁止のエリアに入って撮影するということが起こってしまいます。コンサートに来て最前列でステージに背を向けてInstagramのストーリーズを撮影し、アーティストが怒ってしまったこともありました。その他にインスタ映えのためだけに飲食物を購入し、一切食べずに廃棄したり、道ばたに捨てたりという社会問題も起きています。

②不祥事

まず大前提として、不祥事となる行為はやってはいけません。それはほとんどの人が理解しているはずです。にもかかわらず、このようなケースは起こってしまいます。バイトテロやあおり運転などの動画がニュースになるのを見たことがある人も多いことでしょう。その怒り矛先が、不祥事を起こした本人ではなく、その人が所属する企業に向けられることもよく聞く話です。

投稿した人にとってみれば、単に仲間内で武勇伝を自慢するためだったのかもしれません。ですが、それをSNSに投稿する行為は、公衆の面前で堂々と不祥事を公開するようなものです。これは批判が起きて当然です。

企業の場合、<u>従業員が犯してしまった不祥事が、会社全体の評判を落とし、大きなダメージを受けるようなケースも発生します</u>。そのような事態を避けるためにも、従業員に炎上することのリスクについて伝える教育体制を整えておく必要があります。

> 判例では、従業員の個人アカウントでも、それが企業の利益を損ねることが明白であれば、業務命令として投稿の削除を求めることができるとされています（モルガン・スタンレー・ジャパン・リミテッド（本訴）事件 事件番号：平成17（ネ）2635）。

③不祥事を起こした後の対応

不祥事よりもその後の対応の悪さで炎上することもあります。不祥事が起きた時には「迅速」「誠実に謝る」「改善策を立てる」の3つが必要です。歯切れの悪い言葉、言い訳がましい対応は炎上をさらに勢いづけることもあります。逆に不祥事後の対応がよいと、場合によってはネット上で共感、賞賛を浴びたり、新たなファンが増えたりすることもあります。

④デリケートな内容の投稿

人によって差別と捉えられたり、理解不足によって炎上するケースもあります。現代は生き方や考え方が多様化してきています。問題視されていなかった従来の感覚で発信してしまい、結果として炎上してしまうことが多いのもこの事例です。例えば「育児は女性がするもの」と連想されてしまうような家族のあり方に関する内容は、共働きが多い現代においては批判を浴びます。性差別や性的表現が含まれるもの、マイノリティへの理解不足や配慮に欠けた内容については炎上しやすいので注意が必要です。

⑤立場の異なる意見がある話題

不祥事や不適切な発言ではなくても炎上が起きる場合があります。それは正解がない事柄での議論です。立場によってはどちらの言い分もわかるような事柄は活発な議論だけでなく、時に感情論が飛び交うようになり、結果として炎上してしまうケースがあります。

このケースで難しい問題は、人によって立場が異なる意見を建設的に議論していると捉える人もいれば、議論の中での認識不足の指摘などを「自分が攻撃されている」と捉えてしまい、誹謗中傷や言葉尻を取った言い合いに陥っていく人もいることです。自分がそういうつもりはなくても、相手の性格や受け取り方次第で炎上に発展してしまうケースもあるので充分な注意が必要です。

> 炎上後の迅速な対応によって逆に企業としての評価が上がったケースとして、UCC上島珈琲のTwitterキャンペーン事件があります。近年、炎上対策についても数多くの事例が公開されるようになってきました。これらを詳しく調べていけば、より適切な炎上対策が実現できることでしょう。

炎上しないために

では炎上しないために私たちはどうすべきかについて、具体的に解説しましょう。

企業アカウントの炎上対策

企業アカウントの場合は炎上対策として以下の点について検討しておくべきです。

- マニュアルを作成する
- 問題が起きた後のフローを決めておく
- 情報発信やコンプライアンスの研修を定期的に行う
- 発信に対するチェック体制を整える

このような準備を整え、組織として炎上が起きにくい仕組みを構築しておくことがポイントです。

意図しない炎上が起こる可能性もあるので、<u>炎上してしまった時の社内の対処フローも決めておきましょう。そうすれば、万が一の時でも迅速かつ適切な対応ができます。</u>

炎上が起きた場合は担当者に大きな心理的な負荷がかかるので、心のケア含めて体制を整えておくことをお勧めします。

■ 個人アカウントの炎上対策

最近では、従業員のアカウントが炎上してしまい、それが企業へと飛び火するようなケースも増えています。ただし、個人ができることは限られているので、まずは本書に書いてある基本的なルールを押さえ、注意しながら運用していくようにしましょう。

炎上後にやってはいけないこと

炎上した後の対応について知っておくことも重要です。炎上後の対応によってさらに大きく炎上するか、炎上が鎮火するかが変わります。

■ ①炎上した投稿を削除する

炎上したことへの説明や謝罪なしに投稿をすぐ消すのはご法度です。炎上したあとに担当者や本人が焦ってすぐ消してしまい、そのことがかえって事実の隠蔽や不誠実さの表れと捉えられて炎上が加速するケースもあります。仮に削除したとしても、他のユーザーがスクリーンショットで残していることも多く、削除したからといって投稿がネットから完全に消えることはありません。<u>削除する場合は公式コメントなどで理由を明確にした上で対応しましょう。</u>

■ ②感情的に反論する

たとえユーザーの誤解であったり、悪意を持ったコメントであったとしても、<u>感情的に対応するメリットは1つもありません。</u>逆に感情的な対応をしてしまったことで、こちらに非がなくても炎上してしまうケースもあります。匿名アカウントに多いのですが、火に油を注ごうと悪意を持って絡んでくる人もいます。感情的になれば、彼らの思うつぼなので常に冷静に対処しましょう。

理屈ではわかっていても、悪意のあるコメントをぶつけられ続けると、冷静さを保ち続けるのは難しくなります。特に企業アカウントであれば、一人で抱え込まず、同僚や上司などにも相談するようにしましょう。

炎上を防ぐためのチェックポイント

　ここまで基本的な炎上の仕組みと注意点について見てきましたが、もちろん、好んで炎上したい人はほとんどいません。にもかかわらずこれほど炎上が頻繁に起こるのは、それだけモラルや社会意識には個人間の温度差が大きいということの表れとも言えます。「自分なら大丈夫」と勝手な自信にもとづいて判断するのではなく、つねに客観的なチェックを怠らないようにしましょう。

　一般的な炎上対策のチェックポイントを下記にまとめました。あくまで目安なので、これを守っていれば必ず炎上を防げるというものではありませんが、参考にしてみてください。

炎上対策のチェックポイント

■社会のモラルに反していないか
- □犯罪を助長・容認する内容になっていないか
- □周囲に迷惑がかかる行動となっていないか
- □禁止されている行為を行っていないか
- □危険な行為を行っていないか
- □いじめやハラスメントを想起させる表現になっていないか

■差別的な表現になっていないか
- □特定の人種や民族、出身地、宗教を中傷していないか
- □性別によるステレオタイプな社会役割を前提にした表現になっていないか
- □年齢による中傷をしていないか
- □障碍や深刻な疾患を抱えた人に配慮がなされた表現になっているか
- □性的指向や性同一性の違いが存在することを無視した表現になっていないか
- □特定の職業や趣味嗜好などを中傷した表現になっていないか

■不祥事に繋がるものになっていないか
- □個人情報の漏洩となっていないか（写り込みに注意）
- □他人のプライバシーを侵害していないか
- □肖像権を侵害していないか（写り込みに注意）
- □法律や条例に違反していないか

■立場の異なる意見がある話題となっていないか
- □表現が過激になっていないか
- □感情的な受け答えになっていないか
- □相手の主張を尊重できているか
- □主張が一方的になっていないか
- □不確かな情報を断定していないか

■炎上した場合の対策を準備しているか
- □対応マニュアルを作成しているか
- □問題が発生した際の意思決定フローが決まっているか
- □問い合わせ窓口を決めているか

Chapter 6

広告動画を出稿する際のポイント

動画広告の基本を理解する

section 01 テレビCMとインターネットの動画広告との違い

動画広告とは、端的に言うと「お金を払ってインターネット上で動画を見せる」ことです。テレビCMは企業がお金を払って各テレビ局でCMを配信します。そのインターネット版が動画広告です。ネット接触時間が増えている現在では、動画広告は見てもらうために有効な広告手段になっています。ここではまず、テレビCMと動画広告の違いについて解説します。

SNSやネットメディアで動画広告を配信できる

　広告は人が「集まる場所」「利用する場所」「目につく場所」に展開されるのが基本です。無限に広がるインターネットの世界にも人が多く集まる場所があります。それが「Twitter」「Facebook」 01「Instagram」 02「YouTube」 03「LINE」「TikTok」などのソーシャルメディア（SNS）です。現在では、数多くのSNSで動画を配信することができます。

　また、Yahoo!のようなポータルサイトやオールアバウトなどのアクセスの多いネットメディアでも動画広告を打ち出すことが増えてきています。

01 Facebook（パソコン）のタイムライン上に表示された動画広告の例

02 Instagramのタイムライン上に表示された動画広告の例

03 YouTubeにアップされたAdobe Stockの動画広告

　動画広告は2022年には4,000億円を超える市場規模への成長が予想されています。今後、動画広告が活用できる場所が増えていくことは確実なので、常にアンテナを張っておくことが大切です。

見せたいユーザーに向けて動画を配信できる

　SNSは多くのユーザー情報をデータとして持っています。このユーザー情報を利用して広告を配信することで、動画広告をより見てもらいたい人に届けることができます。これを「ターゲティング」と呼びます。

　例えば、20代〜30代の男性向けシャンプーの広告であれば、20代〜30代の男性に動画広告を配信できます。旅行好きの女性、高級車好きの中年男性、コスメ好きな30代女性など、SNSが持っているユーザー情報を活用して、より興味関心のあるユーザーに向けて配信することで、効率的に広告を打ち出すことができます **04**。

ターゲティング

もともとは「市場を絞ってマーケティングを展開する」ことを意味します。インターネット広告においては、特定のユーザー（層）に向けて広告を配信することを指します。

04 インターネット広告におけるターゲティング

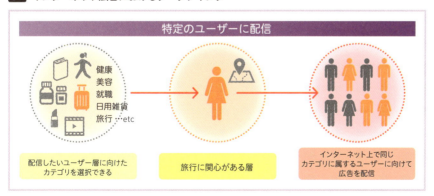

情報量を多く伝えて認知力を上げる

動画広告の最大の武器は「情報量」です。静止画バナーやテキスト広告よりも多くの情報を詰め込めるので、サービス・商品の「認知力」を高めることができます 05 。

05 広告タイプ別の特徴

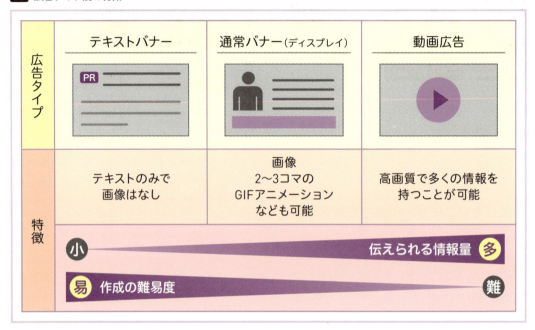

しかし、注意しなければいけない点が1つあります。それは、「見てもらえる動画広告を作らなければならない」という点です。

テレビCMは飛ばすことができないので、見たくない場合はチャンネルを変えるしかありません。なので、「そのまま流し見る」という習慣が形成されており15秒の動画も見てもらえます。

一方、インターネット上では見る見ないはすべてユーザーが決めます。ユーザーが見ないと決めれば、スキップされたりスルーされてしまいます。特に、一方的な宣伝動画はスルーされる傾向が強いようです。

SNSを使って動画広告を展開する場合、「ユーザーはコンテンツを見るためにSNSを使っており、宣伝を見に来ているのではない」という認識を持つことが大切です。

動画広告ならではの特徴を活かす

これまで見てきたように、動画広告には次の3つの特徴があります。

① 各SNSで配信できる
② 興味関心の高いユーザーにターゲティングできる
③ 情報を多く伝えて認知力を上げることができる

つまり、動画広告の特徴を活かすには、各SNSなどの掲載メディアの特性を理解し、ターゲティングした特定のユーザー層に響くように内容やキャッチコピーを考えたうえで、しっかりとアピールすることが大切です。ユーザーの立場で考えてみても、しっかりとした情報を交えて自分にあったアピールをしている広告なら、動画をスキップせずに見たくなる可能性が高まることは理解できるでしょう。

Column

成長を続ける動画広告市場

P21にもあるように、動画広告の市場は急成長を遂げています。2018年11月30日に株式会社サーバーエージェントが発表した「国内動画広告の市場動向調査 01 」によると、市場としては2022年までに4,187億円の規模になると予想されています。デバイス別では、スマートフォンが3,887億に対してパソコンは300億となっています。つまり、動画広告市場の90%以上はスマートフォンでの視聴なのです。

広告手法として、間違いなく動画によるプロモーションは増えていきます。しかし現在、本格的に取り組んでいる企業はそれほど多くはありません。競合他社が本格的に取り組む前に有効な施策を実施すれば、将来の集客スキームを作るチャンスとなるでしょう。

01 サイバーエージェント、2018年国内動画広告の市場調査を実施

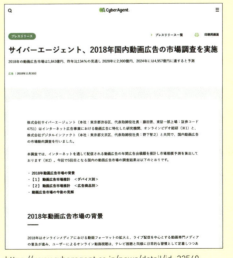

https://www.cyberagent.co.jp/news/detail/id=22540

動画広告の基本を理解する

section 02 メディア別・動画広告の見え方

動画広告はメディアごとに見え方が変わります。例を挙げると、テレビのような横画面、スマートフォンの画面全体で見ることができる縦画面、タイムライン上で見やすい正方形などがあります。ここでは、動画広告が多く配信されているYouTubeと各SNSにおいて、動画がどのように掲載されるのかを解説していきます。

YouTubeの動画広告

YouTubeの動画広告は動画の始まりや途中に差し込まれます。YouTubeの動画広告にはいくつかの種類がありますが、特によく利用されるパターンとしては以下の2つに分類されます。

- 動画の長さが6秒以内でスキップできない「バンパー広告」
- 動画の長さが6秒以上でスキップできる「TrueView動画広告」

最近では家庭内のテレビでYouTubeなどのネット動画を見るユーザーも増えています。さらに、NetflixのようなVODサービスが普及していけば、動画をテレビ画面で見るケースも増えてくることでしょう。

なお、YouTubeがパソコンで表示された場合は 01 、スマートフォンで表示された場合は 02 、テレビで表示された場合は 03 のようになります。

パソコンの画面と比較するとわかりますが、スマートフォンの場合は特に縦表示だと画面が狭く、スキップボタンも小さいため、押しにくくなっています。一方、テレビの場合は、広告をスキップするためにリモコンのどのボタンを押せばいいのかがわかりにくいかもしれません。このように、見るデバイスによって操作感が大きく異なることを意識しましょう。

TrueView動画広告

Google AdWords内の動画広告キャンペーンで、視聴課金もしくはクリック課金の動画広告のこと。動画内に差し込まれるインストリーム広告（視聴課金＋クリック課金）と検索画面や関連動画に掲載されるディスカバリー広告（クリック課金）の2種類がある。

現在では、15〜20秒以内でスキップ不可な「TrueView動画広告」もあります。

01 パソコンの場合の表示

02 スマートフォン場合の表示

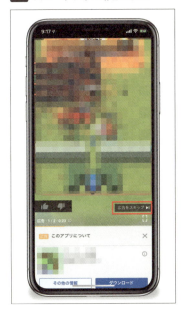

03 テレビの場合の表示

YouTubeの広告フォーマットの詳細は以下を参照してください。

YouTubeヘルプ「YouTubeの広告フォーマット」
https://support.google.com/youtube/answer/2467968?hl=ja

TwitterとFacebookの動画広告

　TwitterやFacebookでは主にタイムライン上で動画広告を配信します 04 。タイムライン形式は情報の流れが早くユーザーの手が止まりにくいので、カット割りが多かったり情報量が過多だとユーザーが直感的に理解できず見てもらえないことが多いようです。極力シンプルで短い動画にしましょう。

04 Twitter（左）とFacebook（右）のタイムライン上で表示される動画広告の例

InstagramやTikTokの動画広告

　Instagramではタイムラインで流す動画と同じぐらい、ストーリーズで流れる動画広告がよく見られます 05 。ストーリーズではスマートフォンにフィットした「縦型」の動画が主に使われます。画面いっぱい使えるのでインパクトがありつつ、情報も多く届けることができます。これはTikTokも同様です。

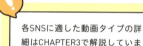

各SNSに適した動画タイプの詳細はCHAPTER3で解説しています。

05 Instagram（左）とTikTok（右）で表示される動画の例

どの動画広告がマッチしているか見極めよう

ここで紹介したSNS以外にも、LINEなどいろいろな場所で動画広告は展開されています。各サービスによって動画のサイズや尺、見え方というのが変わってきます。そして、使っているユーザー層も変わってきます。

すべてのSNSで動画広告を出稿するのは時間も労力もかかってしまうので、自社サービスはどのSNSにマッチしているかを定めて動画広告に取り組むことが重要になります。

動画投稿におけるSNSごとの仕様についてはP52で、動画投稿の方法や拡散の手段についてはP126以降でも解説しています。これらを参考に、どのような動画がベストなのかを模索してください。

Column

増え続ける動画プラットフォーム

動画広告を配信出来るプラットフォームは年々増えています。2019年時点では「YouTube」「Facebook」「Instagram」「LINE」「Twitter」「TikTok」などの主要なSNSは、動画広告を配信できます。他にも「Abema TV」01 などの動画配信サービスや「ニコニコ動画」02 などの動画共有サービスにも動画広告枠があります。

市場が伸びるにつれて、さらに多くの場所で動画広告が配信できるようになるでしょう。それらを見逃さないように、常にアンテナを張って情報を掴んでおくことをお勧めします。

01 AbemaTV Ads

https://ad.abematv.co.jp/

02 dwango広告セールス商品一覧

http://site.nicovideo.jp/sales_ads/

動画広告の基本を理解する

section 03 YouTubeに広告を出してみよう

現在、もっとも動画広告が配信されているのはYouTubeです。ここでは、実際にYouTubeに動画広告を配信する手順について紹介します。なお、事前にYouTubeチャンネルを作成しておく必要があります。ここでも簡単に解説をしますが、事前にP86を参考にしてチャンネル作成とカスタマイズをしておいてください。

1 Googleアカウントを作成する

YouTubeの所有者はGoogleです。YouTubeチャンネルの作成にはGoogleアカウントへのログインが必要です。もしGoogleアカウントを持っていない場合は、下記の手順を参考に作成してログインしてください。すでに持っている場合、この手順は飛ばしましょう。

① 「Google アカウント作成」で検索して「Google アカウントの作成」ページを表示

② Googleアカウントを持っていない場合は必要情報を入力していき、アカウントを作成

https://accounts.google.com/signup

2 YouTubeチャンネルを作成

次にYouTubeのチャンネルを準備します。YouTubeチャンネルは「ホーム」の左メニュー下にある「設定」から「新しいチャンネルを作成」を選択します。すでにチャンネルを作成済みの場合、この手順は飛ばしてください。なおYouTubeチャンネルの詳細な作成手順についてはP86を参照してください。

①Googleアカウントにログインして YouTube のホーム画面にアクセス

②「設定」をクリック

③「新しいチャンネルを作成」をクリック

3 広告用の動画をYouTubeにアップする

用意してある広告動画をYouTubeにアップします。動画はパソコンからでも、スマートフォンアプリからでもアップできます。

① 右上のカメラマークをクリック

② 「動画をアップロード」をクリック

③ アップロードする動画をドラッグ&ドロップ

> YouTubeで使用できる広告動画では、スキップができない広告の場合は長さの制限があります。「スキップ不可のインストリーム広告」が最大15秒、「バンパー広告」が最大6秒です。「スキップ可能なインストリーム広告」は長さの制限はありません。どのタイプで広告を出稿するか考慮して、動画の長さを決めましょう。

4 Google広告の設定をする

　YouTubeの広告はGoogle広告から配信を行います。まずはGoogle広告を検索して「開始はこちら」をクリックしましょう。一番初めにアクセスすると「広告の主な目標は何でしょうか。」と書かれた画面になります。ここで「エキスパート モードに切り替える」のリンクをクリックすると、より詳細な設定が行えるようになります。

https://ads.google.com/intl/ja_jp/home/

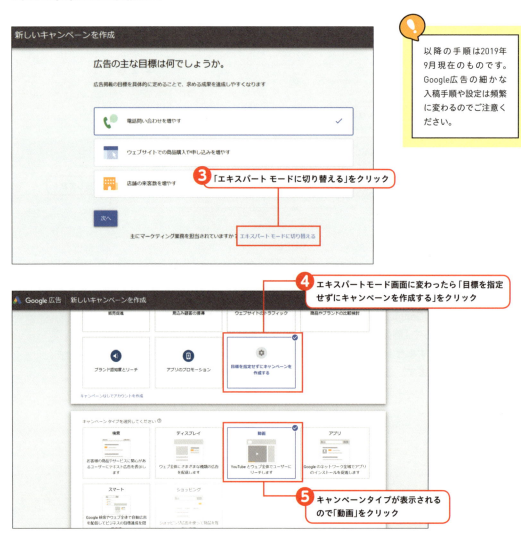

動画広告のキャンペーンを設定する

動画広告のキャンペーン設定を行います **01** 。ここでは広告の基本設定(予算や配信場所、時間など)を中心に行います。

01 「キャンペーンを作成する」画面

■ キャンペーン名

　自分で名前を決めて入力します。キャンペーン名の付け方には特にルールはありません。できるだけわかりやすい名前をつけましょう **02** 。

02 キャンペーン名

■ 入札戦略

　広告費の支払い条件です。ここでは「上限広告視聴単価」に設定しています **03** 。

> **上限広告視聴単価**
> 動画が最後まで再生される際に使える広告費の上限

03 入札戦略

■ 予算と日程

　広告費に使う予算と配信開始日／終了日を設定します。予算設定は「キャンペーンの合計」と「日別」の2種類があります。キャンペーン合計は日にちを問わず広告に使う最大予算を設定します **04** 。日別は1日あたりの最大予算を設定します **05** 。

04 予算と日程「キャンペーンの合計」

05 予算と日程「日別」

■ ネットワーク

　動画広告を配信する場所を設定します。YouTubeの動画が流れる前に表示する広告は「YouTube動画」になります。それ以外はチェックを外します **06**。

YouTubeで配信する広告の場所の詳細については、YouTubeヘルプを参照してください。

YouTubeの広告フォーマット
https://support.google.com/youtube/answer/2467968?hl=ja

06 ネットワーク

■ 言語

　指定された言語を設定している人に動画が流れます **07**。ただし、言語を設定しているユーザーは多くないので、言語は設定しなくてもOKです。

07 言語

■ 地域

　広告を配信したい地域を選択します。国・県・市区町村単位で設定でき、指定した地域から半径○○kmといった設定も可能です 08 。なお、ここでは成田空港から半径10km圏内で設定しています 09 。

08 地域

「検索オプション」を選択するとマップから範囲を設定できる

09

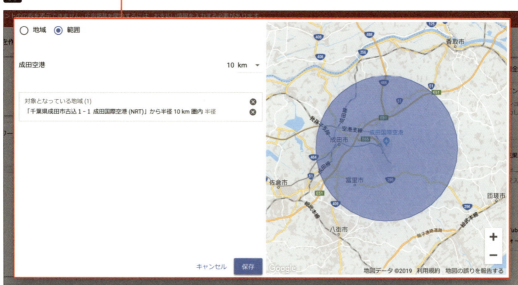

■ コンテンツの除外

　広告を表示させない場所を設定できます。ここでは「広告枠のタイプ」から「標準広告枠」を設定しています⑩。

⑩ コンテンツの除外

❶「広告枠のタイプ」をクリック

❷「標準広告枠」をクリック

「除外コンテンツ」欄では「惨事、紛争」や「デリケートな社会問題」など、掲載対象から除外するコンテンツをカテゴリで指定できます。「除外済みのタイプとラベル」ではレーティング等を指定できます。

185

■ デバイス

掲載対象のデバイスをパソコン・モバイル・タブレット・テレビ画面から指定できます **11**。スマートフォンのOSやメーカーの指定も可能です。

以降の項目は［その他の設定］をクリックして表示します。

11 デバイス

■ フリークエンシー キャップ

広告がユーザーに流れる頻度を設定できます。ここでは特に設定していません **12**。

12 フリークエンシー キャップ

■ 広告のスケジュール

広告の流れる曜日・時間を選択できます。ここでは特に設定していません **13**。

例えば土日に表示された広告に無駄が多い場合は、「月曜〜金曜」に設定するとコスト節減を図れます。

13 広告のスケジュール

広告のスケジュール	すべての曜日 ▼ 0:00 から 0:00	広告が表示される期間を限定するには、広告のスケジュールを設定します。スケジュールを設定した場合、広告はその期間にのみ表示されます。
	追加	
	アカウントのタイムゾーン：（GMT+09:00）日本標準時	

広告グループを作成する

次に広告グループを設定します。広告グループではユーザー属性やキーワードなど「広告を見せたいターゲット」を絞り込んでいきます。<u>広告グループはターゲティング設定がメインになります</u>ので、<u>常に「誰に見せたいか」を考えながら設定するのがコツです。</u>まず、わかりやすい広告グループ名を設定します **14**。

14 広告グループ名を設定

広告グループの作成		広告グループと広告の作成（詳細）をスキップ ⑦
広告グループ名	広告グループ名	
	0 / 255	

■ ユーザー属性

ターゲットの性別や年齢、子供の有無、世帯収入を選択します **15**。

15 ユーザー属性

■ オーディエンス

広告を見せたいユーザーを興味対象等から選択します。キーワードやカテゴリで指定できます 16 。

オーディエンスは「広告を表示する人」の設定です。以降で紹介している「キーワード」「トピック」「プレースメント」は「広告を掲載するコンテンツ」の設定となるので、違いを理解しておきましょう。

> カスタムアフィニティカテゴリやカスタムインテントを利用すると、閲覧URLや場所、使用アプリ、検索キーワードなどでのターゲティングも可能です。詳しくはGoogle広告のヘルプで確認しましょう。
>
> **オーディエンス ターゲティングについて**
> https://support.google.com/google-ads/answer/2497941?hl=ja

16 オーディエンス

■ キーワード

広告に関連するキーワードを設定することで、広告と関連性の高いコンテンツに掲載対象を絞り込みます 17 。

17 キーワード

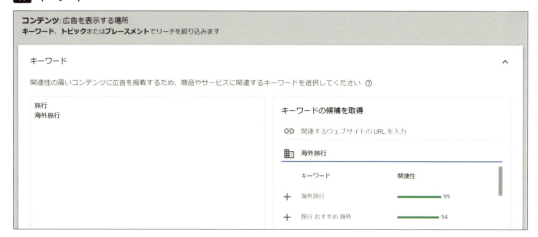

■ トピック

設定したトピックに関連するコンテンツに広告が表示されます
18 。

18 トピック

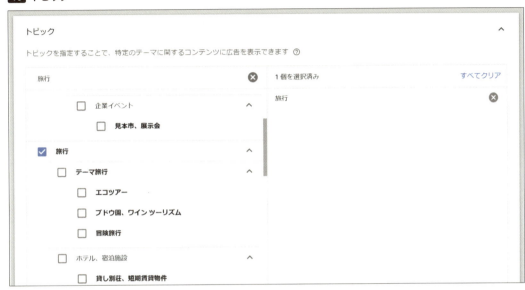

■ プレースメント

指定したYouTubeチャンネルなどに広告が表示されます 19 。

19 プレースメント

■ 入札単価

1再生あたりに支払える広告費を設定します **20**。単価を高く設定するほど、広告が表示される確率が上がります。

20 入札単価

動画広告を作成する

設定が終わったので、広告を作成します。まずは「動画広告の作成」でP178でアップロードした広告動画のURLをペーストします。動画広告のフォーマット（後述）を選ぶと、自動で動画広告が表示されます **21**。

21 動画広告の作成

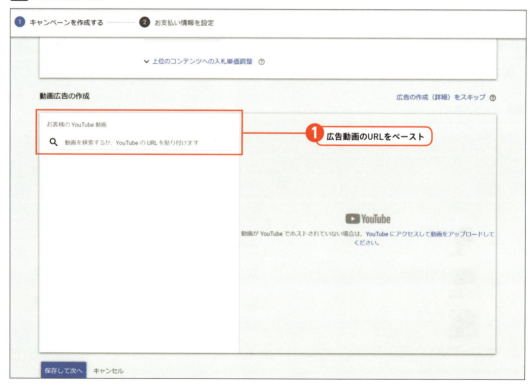

動画広告の作成の設定項目

「動画広告の作成」で設定する項目は5つあります **22**。

22「動画広告の作成」の設定項目

動画広告のフォーマット

広告の種類を選びます。ここではインストリーム広告を選択しています。

① インストリーム広告：スキップできる6秒以上の動画
② TrueView ディスカバリー広告：YouTube検索時などに動画の候補として表示される動画広告
③ バンパー広告：6秒以内のスキップできない動画広告

バンパー広告は「入札戦略」（P182）を「目標インプレッション単価」に設定している場合に設定できます。

動画広告はほかに「スキップ不可のインストリーム広告」（15秒以内）、「アウトストリーム」（外部サイトで表示するモバイル専用動画広告）がありますが、これらを利用するときはP181の操作⑥で「キャンペーンのサブタイプ」として設定しておく必要があります。

□ リンク先URL

動画広告をクリックした際のジャンプ先URLを指定します。作成している場合はランディングページ、商品やサービスの紹介ページ、サイトのトップページなどを指定するとよいでしょう。

ランディングページ
ネット広告をクリックした際に着地（ランディング）するページのこと。通常は1ページ完結で、ユーザーがそのページから購入やダウンロード・問い合わせ等を行える。

□ 行動フレーズ

動画広告のクリック率を上げるための文言を追加できます。ただし、バンパー広告では設定できません。

□ コンパニオンバナー

パソコンでの閲覧時に出現するバナー領域の表示を設定できます。自動生成を選んでおけば自動でバナーが作成されます。こだわる方は自作のバナー画像をアップできます。

□ 広告名

わかりやすい名前の広告名を付けましょう。

これで動画広告の設定は完了です。「保存して次へ」をクリックしてください。

請求先情報を入力する

最後に広告費の支払い情報を入力すれば準備完了です。基本的に設定する箇所は「お支払い方法」になります **23**。引き落としできるクレジットカードもしくはデビットカードの番号を入力して確認事項にチェックを行い、「送信」をクリックします。

なお、支払いは銀行振り込みやコンビニエンスストア、Pay-easy（ペイジー）での支払いにも対応しています。

23 請求先情報の入力

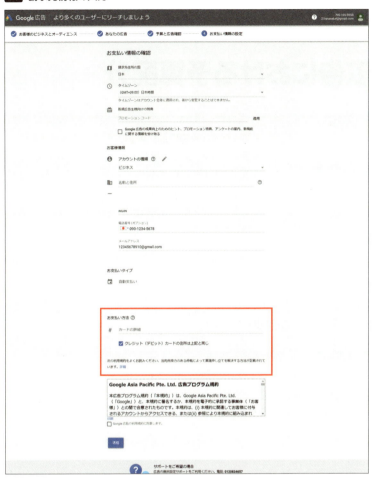

Google広告の審査完了後に配信開始

　広告を入稿後、動画広告の内容が不適切ではないか審査が始まります。審査は一般に入稿から1営業日以内に完了しますが、遅い場合にはGoogleにヘルプから問い合わせましょう。

　以上がYouTube動画広告を配信する手順です。工程が多く見えますが、慣れればそれほど難しいことではありません。ぜひ、YouTube広告にチャレンジしてみてください。

参考サイトURL

Google広告ヘルプ「広告の審査について」
https://support.google.com/google-ads/answer/1722120?hl=ja

動画広告で成果を出すために

section 04 動画広告における予算配分

動画を制作する際によくあるのが「お金をかけてよい映像を作れば、必ず効果が出る」というまやかしです。今までテレビCMを1本制作するのに数百万〜数千万といった巨額の費用が投じられてきましたが、それはインターネット動画広告の世界では通用しません。予算は、動画制作費よりも広告費にかけるべきです。ここではその理由についてお伝えしていきます。

テレビとインターネット動画の「見る姿勢」の違い

　テレビとインターネット動画では視聴するユーザーの「姿勢」が違います。あなたがテレビを見るときはどんな時でしょう。おそらく家でゆっくりくつろいでいる時ではありませんか？
　一般的に、テレビを見る人は「Lean Back（後ろにもたれる）」という姿勢で番組を楽しみます 01 。

01 テレビは受け身の状態で視聴する（Lean Back）

194

リモコンでザッピングすることもあるかもしれませんが、基本的に映像は流しっぱなしで、CMなども流れで見てしまうことも多いはずです。これは「テレビのタイムテーブルが決まっている」ことと関係あります。

　テレビの番組は、いつ、どの番組（動画）を放映するか、タイムテーブルが決まっています。つまり、見たい動画を自分でコントロールできない受け身の状態です。

　夜の9時から放送される映画は、夜の9時からしか見ることはできません。時間が空いたから夕方の6時から見たいと思っても、それは不可能です。テレビでは、放送するプログラムをテレビ局が決めているので、ユーザーの姿勢は受動的になってしまいます。

　一方、インターネット動画を視聴する姿勢は「Lean Forward（前のめり）」です 。

　インターネット動画は、スマートフォンやパソコンで見ます。もちろん、くつろいで見ることも多いとは思いますが、それでもテレビを視聴する時の姿勢と比べると、「前のめり」になることでしょう。インターネット動画は、いつ、どの番組（動画）を見るかを「自分で決める」ことができます。夕方の6時に空き時間ができれば、その時間から動画を視聴できます。他の動画を見たくなったら、今見ている動画の視聴を途中で止めることも簡単です。つまり、それだけ見てもらうためのハードルが高いのです。

　テレビの場合、受動的に見てもらう習慣ができあがっています。しかし、そのような習慣がないインターネットの動画には、見てもらうための工夫が必要なのです。

> インターネット動画でも、例えばライブ配信などのようにタイムテーブルが決まっている番組もあります。ですがほとんどの場合、タイムシフトなどで好きな時間に見ることができるようになっています。

02 インターネットは主体的に視聴する（Lean Forward）

195

動画を公開しただけでは見てもらえない

インターネットは誰でも世界に向けて動画を配信することができます。しかし、ただ公開しただけでは誰の目にも触れません。

インターネット上には無数の動画がアップされています。例えば、YouTubeは1分ごとに100時間分の動画が増えていると言われています。これは、1日で36万時間も動画が増えている計算です。新しく作った動画を見つけてもらうのは、大海原でボートを発見するぐらい難しいことなのです。

コツコツと動画の投稿を続けていれば、見つけてもらえる確率も高まり、ファンも増えていくので、見てもらえるようになります。ただし、そこに到達するには、かなりの時間がかかってしまいます。

広告を使えばすぐに動画を見てもらえる

<u>動画広告の利点は「すぐに動画を見せたいユーザー」に表示させることができる点です。また、「見せたいユーザー（ターゲット）」は細かく設定できます。</u>

03 と **04** は、「YouTube動画広告」のターゲット設定画面です。例えば、20～30代のビジネスマンをメインターゲットとしたメンズファッションの動画を作ったのであれば、**03** の「オーディエンス」で「ビジネスマン　ファッション」などと検索して当てはまるターゲットを設定し、**04** の「ユーザー属性」で性別、年齢などを選択すれば、ターゲット層に向けて動画を配信することができます。動画広告は、時間の代わりにお金を支払って、動画を「見

参考サイトURL

YouTubeヘルプ「動画キャンペーンのターゲティングについて」
https://support.google.com/youtube/answer/2454017?hl=ja

03 YouTube動画広告「オーディエンス」

04 YouTube動画広告「ユーザー属性」

てもらいたい人」に、「すぐ」に見せることができます。これが動画広告が持つ最大のメリットです。

制作費と広告費の配分

　YouTubeの動画広告は、インプレッション（表示回数）ベースであれば1インプレッション1円ほどで配信することが可能です。YouTubeのバンパー広告（6秒広告）などはスキップできないので、表示回数＝視聴回数と同じになります。つまり、1万回の表示回数にかかる広告費は1万円ほどです。もちろん、表示回数＝見た人の数とは限りません。ですが、数百万から数千万かかるテレビCMなどと比較すると、かなり低いコストで広告が出せることになります。

　では、もし10万円の予算があった場合、以下の①と②のどちらが、より多くの人に見てもらえるようになるでしょう？

① 動画制作：10万円　動画広告0円
② 動画制作：3万円　動画広告7万円

　①のように、動画制作に予算をつぎ込んでも、それだけでは見てもらえません。ですが②であれば、少なくとも予算7万円分（1インプレッション1円であれば7万回）は見てもらえることになります。

　動画は見てもらえなければ意味がありません。まずは、制作費よりも広告費に予算を使い、見てもらうことを優先するようにしましょう。

動画広告で成果を出すために

section 05 プロモーションではなく コミュニケーションを意識する

広告では自社のサービスや商品を理解してもらいたいので、どうしても「性能」「お得感」「希少価値」などのPRポイントを打ち出しがちです。テレビCMの場合はそれでもいいかもしれません。しかし、インターネットではPRが強すぎると動画を見てもらえません。そこには人間の心理が影響しているからです。

広告を見にくるユーザーはいない

あなたはなぜYouTubeを見ようと思いますか？ なぜ、SNSを見たいと思いますか？

それは、見たい動画や投稿があるからです。一方で、広告を見るためにYouTubeやSNSを開くことは、まずないはずです。

SNSでは、多くのユーザーが友達やフォローの投稿を楽しみにしています。そこに、見たくもない動画が差し込まれてくると「鼻につく」「邪魔」のようなネガティブな感情がわいてきます。

ほとんどのユーザーにとって、広告は邪魔な存在でしかありません。ユーザーが主体的に見たいものを選べるインターネットでは、特に広告は敵視されがちです。何回も興味ない広告が流されれば、不快感が増して意味のないものになってしまいます。

コミュニケーションが大事

しかし、動画広告で成功している事例もあります。その例を2つ紹介しましょう。

■ 話題になった動画広告の事例

アロンアルフアが行っている「くっつけ青春プロジェクト」 01 の「胸キュン接着ラブストーリー『君に、くっつけ！』」 02 などは、非常に話題になった動画広告です。

商品宣伝ではなく、面白いコンテンツとして動画広告を作り、

多くのユーザーをひきつけました。広告配信の目的は若年層の認知向上を目的としており、若年層とコミュニケーションを取るという手段で動画広告が採用されたそうです。

話題を呼んだこの動画は広告リーチだけでなく、その後も自主的に見にくるユーザーを獲得して1,000万回以上の再生回数を獲得しています。コメント欄も肯定的な意見が大半です 03 。

その他の事例としては、チキンラーメン「アクマのキムラー 篇」04 があります。これはYouTubeの再生回数はYouTubeで10万以上の再生回数は11万程度ですが、Twitterでは500万回以上の再生数と14万以上のリツイートを叩き出しています 05 （2019年9月現在）。

01 「くっつけ青春プロジェクト」Webサイト

http://www.aronalpha.com/kuttsuke_seisyun/

02 胸キュン接着ラブストーリー『君に、くっつけ！』

http://www.aronalpha.com/kuttsuke_seisyun/

03 『君に、くっつけ！』のコメント欄

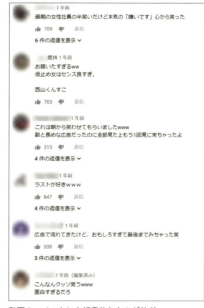

動画のコメントにも好意的なものが並ぶ。

04 チキンラーメンCM
「アクマのキムラー 篇」90秒

YouTubeにアップされている広告動画。

05 TwitterのアップされたチキンラーメンCM
「アクマのキムラー 篇」

YouTubeのリンクではなく動画投稿なのでタイムライン上で自動再生されます。

■ 動画広告は4Pではなく4Cで

　これら成功事例に共通するのがプロモーションよりコミュニケーション重視という点です。

　マーケティングには4P/4Cという考えがあります **06** 。4Pは企業側の視点でビジネスを考えること。逆に4Cは顧客の視点に立ってビジネスを考えるという考え方です。

　4Pは生活必需品（冷蔵庫やテレビ、洗濯機など）が不足していた昭和～2000年まで主流に考えられていました。一方、4Cは物が溢れかえり「顧客が価値を感じた物」にしかお金を払わなくなった2000年以降の考え方だと言われています。

　その考え方の中に広告も入ります。以前は販促（プロモーション）という視点で広告宣伝が行われており、とにかく自分たちが伝えたいセールスプロモーションを押し付けていました。

　それに対して現在は顧客とのコミュニケーションを取ろうという考え方になっています。コミュニケーションは「交流、意思疎通」というニュアンスです。一方通行（押し売り）ではなくコミュニケーション（交流）が大事だということです。

　動画広告の成功事例は顧客とのコミュニケーションを通じて、サービスや商品に親近感と興味を持ってもらい、そして顧客化・ファン化していくことに成功しています。

06 4P/4C視点

コンテンツを作る意識を持つ

前述した「ユーザーは広告が嫌い」「プロモーションではなく、コミュニケーション」という点をまとめると、結局は動画広告も「コンテンツ」を作ることと同じだということがわかります 07 。

インターネットは誰もが見たいものを選ぶ権利がある一方、見たくないものをスキップもしくは閉じる権利もあります。

一方的なプロモーションではなく、コミュニケーションが取れる「コンテンツ」を作る意識で動画を企画してみてください。

07 動画広告はコンテンツと同じ

「広告なのに面白い」が動画広告の鍵

動画広告で成果を出すために

section 06 広告のKPIを設定しよう

動画広告は配信したら終わりではありません。配信した後にどのような反響があったのかを検証し、改善していくことが必要です。動画広告のKPIは、動画広告にどのような目標をもたせるかによって設定する指標が変わりますが、ここでは「視聴率」と「クリック率」を中心に見ていきます。

動画の基本は視聴率

　動画広告において基本は視聴率です。テレビの視聴率は、視聴率調査会社が無作為に選ばれた家庭に測定器を設置して、各局の番組視聴率を測定します。一方、YouTubeやFacebookの動画広告は広告を見た「すべてのユーザーがどれくらい最後まで視聴してくれたか」を計測します。

- 視聴率100％は、100人中100人が最後まで広告を見てくれたということ
- 視聴率30％は、100人中30人が最後まで広告を見てくれたということ

広告を最後まで視聴せず飛ばした場合は、視聴にカウントされません。

　ちなみに、Google広告公式の視聴率に関する定義はGoogle広告ヘルプの「視聴率」 01 に掲載されています。
　どれだけ多くの人が動画広告に興味を持ってくれたか、もっとも反応が読み取れる指標なので、まずはこの数字をKPIに設定するとよいでしょう。
　ちなみに合格ラインが視聴率○％以上なのかはケース・バイ・ケースで判断が異なりますが、筆者の考えとしては20％以上になれば成果が高いと考えます。20％は5人に1人は動画を視聴してくれたという数字です。広告がスキップされがちなインターネット広告でこの数字を出すことができればOKラインです。一方、5％を切ってしまう場合には改善が必要です。

01 Google広告ヘルプの「視聴率」

https://support.google.com/google-ads/answer/6293479?hl=ja

■ 視聴率が低い場合に考えられる要因

視聴率が低い理由としては、以下の2つが考えられます。

① メリットがない広告と判断される
② 広告に対する嫌悪感が見ているうちに上昇

　視聴率が5%を切ってしまうと、認知力アップもブランディングアップも多くは見込めません。さらにユーザーにとってメリットがない広告と判断されて1視聴あたりの広告費も高くなってしまいます。
　興味を持てない動画が何回も流れてくるとユーザーもストレスを感じて、広告に対して嫌悪感が増大してしまいます。筆者の考える判断基準がすべてではありませんが、一つの目安にしてみてください。

バンパー広告はクリック率を重視

　6秒内で終わる代わりにスキップできないことから、出稿数が増えている「バンパー広告」。
　このバンパー広告は「認知」「広告想起」に特化した動画広告です。
　Googleが以前行った動画広告のブランド効果測定で、ユーザーが広告に対して嫌悪感を抱かない長さが6秒でした。その流れで誕生したバンパー広告は、現在多くのブランドや企業が活用しています。

> **広告想起**
> 広告に接触したユーザーが、後にその広告を思い出してくれること。

嫌悪感抱かせないバンパー広告は大いに活用されていますが、1点だけ問題があります。それは「視聴率」が測れない点です。「スキップできない＝視聴率100％」となってしまうので、動画を見たユーザーがどのくらい興味を持ったかが数字に表れません。

02　6秒以内でスキップ不可な「バンパー広告」

「動画は広告の後に表示されます。」と表示される。

■ バンパー広告ではクリック率をKPIに設定する

　バンパー広告の指標は動画のクリック率で判断します。

　前述したようにバンパー広告は「認知」「広告想起」に特化した動画ですが、興味関心が引き出せないわけではありません。広告に興味を持ってくれた方はクリックして広告主のサイトへアクセスします。その数字をもとに広告によって興味を持ってもらえたかが判断できます。バンパー広告を扱うときにはこの「クリック率」をKPIに設定して広告評価を行ってみてください。

　判断基準としては、クリック率0.2％以下は要検討ラインです。興味を持ってもらえた動画の時には0.5％～1％以上のクリック率も期待できます。

　動画広告のKPIに設定できる2つの指標をご紹介いたしました。

　他にはKPIとしてコンバージョン数（顧客獲得指数）を設定する方もいますが、筆者が考える動画広告は「認知」「広告想起」「興味関心層の醸成」といった顧客予備軍を作ることが役割だと考えています。

　コンバージョンはリスティング広告などの「顕在化されたユーザー」向けの媒体に適した指標なので、同じ水準で動画広告のKPIを設定すると見誤ります。ぜひ上記2点のKPIをもとに動画広告の評価を行ってみてください。

Index 用語索引

数字・アルファベット

数字
- 4K画質 …… 57, 63
- 4P/4C視点 …… 200
- 5G …… 15
- 8K画質 …… 57

A
- AbemaTV …… 20
- AbemaTV Ads …… 175
- Adobe After Effects …… 70, 84
- Adobe Creative Cloud 公式チャンネル …… 17
- Adobe Premiere Rush …… 74
- Adobe Premiere Pro …… 70, 84
- Adobe Stock …… 83

B
- BGM …… 25, 39, 79

C
- CM STUDIO …… 71

D
- DaVinci Resolve …… 84
- DMCA …… 48
- dwango広告セールス商品一覧 …… 175

F
- Facebook …… 53, 158, 168
  - Instagramと連携 …… 160
  - ストーリーズ …… 159
  - 動画広告 …… 174
  - 動画仕様 …… 53
  - 動画を投稿する …… 158
  - ページ …… 133
  - ライブ配信 …… 161
- FunMake …… 12

G
- GoldenMonkeyTV …… 18
- Googleアカウント …… 86, 176
- Google広告 …… 179

H
- H.264 …… 63
- HD画質 …… 56
- Hulu …… 57

I
- IGTV …… 53, 142
- iMovie …… 43, 70

Instagram …… 53, 130, 168
- Facebookと連携 …… 160
- アンケート …… 138
- インサイト …… 133
- 拡散のポイント …… 132
- ストーリーズ …… 53, 135
- 動画広告 …… 174
- 動画仕様 …… 53
- 投稿する …… 130
- 投稿枚数 …… 135
- ハイライト …… 139
- ハッシュタグ …… 134
- ビジネスアカウント …… 133
- 保存数 …… 133
- ライブ配信 …… 140

K
- KGI …… 67
- KPI …… 67, 202

L
- Lean Back …… 194
- Lean Forward …… 195

M
- Media Composer …… 84
- mp4 …… 63, 83

N
- Netfilix …… 57

O
- OBS Studio …… 161

Q
- QUIK …… 157

R
- RICHKA …… 71

S
- SD画質 …… 56
- SNS …… 29, 126
  - 動画のポイント …… 127

T
- TikTok …… 55, 148
  - 拡散のポイント …… 154
  - 楽曲 …… 155
  - 厳選クリエイター …… 157
  - 動画広告 …… 174
  - 動画仕様 …… 55
  - 動画を投稿する …… 148
- TrueView動画広告 …… 172
- Tver …… 20
- Twitter …… 54, 144
  - 拡散のポイント …… 146
  - 動画広告 …… 174
  - 動画仕様 …… 54
  - 動画を投稿する …… 144
  - ライブ配信 …… 145

U
- UGC …… 46
- Unyoo.jp …… 18
- UUUM …… 12

V
- Vimeo …… 18
- VLLO …… 157
- Vlog …… 12
- VOD …… 57

Y
- YouTube …… 12, 52, 63, 86
  - アカウントの確認 …… 89
  - アカウントの作成 …… 86
  - カスタムサムネイル …… 89, 104
  - クリエイターアカデミー …… 124
  - クリエイターツール …… 90
  - 権利侵害を報告 …… 48
  - コメント欄 …… 123
  - コラボレーション …… 123
  - 視聴環境 …… 108
  - 説明欄 …… 110
  - タイトル …… 109
  - タグ …… 111
  - 動画仕様 …… 52
  - 動画を投稿する …… 178
  - ブランドアカウント …… 87
- YouTubeアナリティクス …… 32, 114
  - 関連動画 …… 121
  - 視聴者維持率 …… 112, 116
  - トラフィックソース …… 118, 121
  - 人気の動画 …… 116
  - 表示 …… 114
  - 分析期間の設定 …… 115
  - ヘルプ …… 121
- YouTubeチャンネル …… 86, 177
  - アイコンの変更 …… 96
  - 概要の変更 …… 98
  - 作成 …… 86, 177
  - チャンネルアート …… 98
  - 登録の促進 …… 113

名称変更	94	広告想起	203	動画プロモーション	20, 22, 26, 30, 34
YouTube動画広告	168, 176, 196	コーデック	63	トップレベルドメイン	46
TrueView動画広告	172	言葉使い	39	ドローン	42
アウトストリーム広告	192	コンセプト	36		
インストリーム広告	172, 178, 192	コンテンツマーケティング研究所	112	**な行**	
オーディエンス	188, 196	コンバージョン数	204	内製	40, 68
キャンペーンを設定	181			認知獲得	34
広告フォーマット	173	**さ行**			
視聴率	202	撮影	68	**は行**	
上限広告視聴単価	182	撮影機材	42	ハイビジョン	57
ディスカバリー広告	172	ジェットカット	129	バイラル動画	35
動画を投稿する	178	時間軸による演出	24	パソコンの解像度	62
バンパー広告	172, 178, 192, 203	シズル感	25	ハッシュタグ	134
フリークエンシー キャップ	186	視聴率	202	発信者情報開示請求	48
ユーザー属性	197	肖像権侵害	47	早回し	24
YouTubeバナーメーカー	101	商標権侵害	46	バンパー広告	172, 178, 192, 203
YouTube Studio	90	商品プロモーション	35	ピンマイク	69
YouTuber	11	人的工数	41	フォト	70
		スクロールスピード	31	ブーメラン機能	137
五十音		スタビライザー	72	ブランディング	35
あ行		スタンダードサイズ	56	フリークエンシー キャップ	186
アウトストリーム広告	192	スーパーハイビジョン	57	フルHD画質	57, 62
アスペクト比	56	スマートフォン		フルハイビジョン	57
アスペクト比と画素数	57	利用率	10, 26	分析	32
委託	40, 64	動画編集	74, 157	ペルソナ	37
イテテの法則	127	スローモーション	24	弁護士ドットコム	50
医薬品医療機器等法	47	制作会社	64	編集ソフト	43, 70, 84, 157
インストリーム広告	172, 178, 192	制作スキル	41	望遠レンズ	73
インプレッション	197	制作フロー	64	ポジショニングマップ	45
インフルエンサー	12	正方形動画(1:1)	52, 58		
ウォーターマーク	83	組織図	66	**ま行**	
ウルトラハイビジョン	57			マクロレンズ	74
絵コンテ	40, 67	**た行**		ミドル縦型動画(3:4)	52, 61
エンコード設定	63	タイムシフト	195	ミドル横型動画(4:3)	52, 60
炎上	162	タグ	111	メンション	136
音による演出	25	ターゲット	36	盛る	16
オンラインサロン	161	ターゲティング	169		
		縦型動画(9:16)	52, 59	**や行**	
か行		遅延時間	15	薬事法ルール集(薬事法ドットコム)	47
解像度	62	著作権侵害	46	役割設定	66
画質	39, 56, 62	ディスカバリー広告	172	横型動画(16:9)	52, 58
カンプ素材	83	テレビの解像度	62	予算	64, 194
ガンマイク	69, 74	テロップ	78, 82, 129, 161		
旧薬事法	47	動画	10	**ら行**	
魚眼レンズ	74	インパクト	127	ライブ動画	35
クリック率	204	広告	168, 172, 175	ランディングページ	192
経費	42	時間	38	リサーチ	44
景品表示法	47	仕様	64	レンズ	73
健康食品ナビ	47	タイトル	109		
健康増進法	47	チェックポイント	82	**わ行**	
広角レンズ	73	テンポ	129	ワイドサイズ	56
		動画投稿・共有サイト	29		

著者プロフィール

本書のCHAPTER 3、CHAPTER 6の執筆を担当

村岡雄史

株式会社グッドエレファント 代表取締役。「ウェブでグッとくる映像を。」をコンセプトに動画広告の企画・プロデュースを行う。戦略的に動画広告を配信する「動画広告プランナー」として活動中。近年は動画広告で認知を広めて、実際の店舗に来店を促す「オフラインコンバージョン」を重要視した動画マーケティングを推進。

[URL] https://good-elephant.co.jp/

本書のCHAPTER 5の執筆を担当

本橋へいすけ

地方で活動する人を応援するWebコンサルタント。東京都出身。福岡県糸島市在住。移住後立ち上げたローカルブログ「愛しの糸島ライフ」が1年で月間12万PVを超えて多くのメディアで取り上げられる。個人、法人、地方自治体向けにWEB活用の講演やInstagramを中心にSNSサポートを行なっている。映えに頼らないインスタ運用を延べ1,000人以上に教えて認知・売上アップに貢献している。Webの活用方法を学べるコミュニティ「for you」を運営。

[URL] https://heisukemotohashi.com/
[Instagram] https://www.instagram.com/heisuke335/
[Twitter] https://twitter.com/heisuke335

本書のINTRODUCTION、CHAPTER 1の執筆を担当

後藤賢司

よつばデザイン東京と大分を拠点として全国的に活動。Web・広告のコンサルティング・制作を行っている。近年は動画活用の可能性に注目し、動画の企画から編集にも力を入れている。中小企業庁「中小企業・小規模事業者ワンストップ総合支援事業」や大分商工会議所が主催する「大分商工会議所ビジネスなんでも応援隊」などの中小企業アドバイザーとしても活動中。和菓子（あんこ）好き。

[URL] https://yotsuba-d.com
[Facebook] https://www.facebook.com/kenji510
[Twitter] https://twitter.com/428design

本書のCHAPTER 2、CHAPTER 4の執筆を担当

染谷昌利

株式会社MASH 代表取締役。1975年生まれ。12年間の会社員時代からさまざまな副業に取り組み、2009年にインターネット集客や収益化の専門家として独立。現在はブログメディアの運営とともに、コミュニティ運営、書籍の執筆・プロデュース、企業や地方自治体のアドバイザー、講演活動など、複数の業務に取り組む。著書に『ブログ飯 個性を収入に変える生き方』（インプレス）、『クリエイターのための権利の本』（ボーンデジタル）、『複業のトリセツ』（DMMパブリッシング）など多数。

[URL] https://someyamasatoshi.jp/
[Twitter] https://twitter.com/masatoshisomeya

● 制作スタッフ

装丁	赤松由香里(MdN Design)
本文デザイン・イラスト	加藤万琴
DTP	佐藤理樹(アルファデザイン)
編集	小関匡
編集長	後藤憲司
担当編集	後藤孝太郎

KPI・目標必達の
動画マーケティング
成功の最新メソッド

2019年11月1日　初版第1刷発行

著者	村岡雄史、本橋へいすけ、後藤賢司、染谷昌利
発行人	山口康夫
発行	株式会社エムディエヌコーポレーション 〒101-0051　東京都千代田区神田神保町一丁目105番地 https://books.MdN.co.jp/
発売	株式会社インプレス 〒101-0051　東京都千代田区神田神保町一丁目105番地
印刷・製本	中央精版印刷株式会社

Printed in Japan
©2019 Yuji Muraoka, Heisuke Motohashi, Kenji Goto, Masatoshi Someya. All rights reserved.

本書は、著作権法上の保護を受けています。著作権者および株式会社エムディエヌコーポレーションとの書面による事前の同意なしに、本書の一部あるいは全部を無断で複写・複製、転記・転載することは禁止されています。

定価はカバーに表示してあります。

【内容に関するお問い合わせ先】
株式会社エムディエヌコーポレーション カスタマーセンター メール窓口

info@MdN.co.jp

本書の内容に関するご質問は、Eメールのみの受付となります。メールの件名は「KPI・目標必達の動画マーケティング　質問係」とお書きください。電話やFAX、郵便でのご質問にはお答えできません。ご質問の内容によりましては、しばらくお時間をいただく場合がございます。また、本書の範囲を超えるご質問に関しましてはお答えいたしかねますので、あらかじめご了承ください。

【カスタマーセンター】
造本には万全を期しておりますが、万一、落丁・乱丁などがございましたら、送料小社負担にてお取り替えいたします。お手数ですが、カスタマーセンターまでご返送ください。

【落丁・乱丁本などのご返送先】
〒101-0051　東京都千代田区神田神保町一丁目105番地
株式会社エムディエヌコーポレーション カスタマーセンター
TEL：03-4334-2915

【書店・販売店のご注文受付】
株式会社インプレス　受注センター
TEL：048-449-8040／FAX：048-449-8041

ISBN978-4-8443-6940-0 C2034